모모의 책숲에서 만나요

글보샘
민
산도
온유
이요림
지인

모모의 책숲에서 만나요

북트리

들어가며

    이 책은 '모모의 책숲'의 숨결을 모아 기록한 첫 번째 흔적입니다. 또한 우리와 더불어 살아가는 사랑하는 가족과 우리 이웃의 소중한 이야기이기도 합니다. 여섯 개의 작은 씨앗이 발아하여, 나무가 되고 숲을 이루기 위해서는 당신의 관심과 온기가 필요합니다. 고개를 살짝 돌려, 다정한 시선으로 바라봐 주세요. 잠깐 시간을 내어 '모모의 책숲'과 '글숲'으로 산책을 나와주세요. 당신과 함께한 모든 시간이 우리를 축복해 주고, 더 아름다운 이야기로 나아갈 수 있는 양분이 될 수 있을 거라 믿습니다.

    '모모의 책숲'은 사소하지만 결코 그냥 지나칠 수 없는 끌림의 연속으로 이루어져 있습니다. 좌절을 잊은 채 살아오던 한 사람이 절망을 맞이하고, 우연히 통영을 방문하면서 이야기는 시작됩니다. 오십에 가까워서야 처음으로 큰 상실을 마주한 그녀는, 갑작스러운 아버지와의 이별과 십삼 년간 함께한 반려견의 죽음으로 일상을 견디기 힘겨웠습니다. 좌절을 잊고 산 기간이 길었기 때문에 그녀의 애도 기간은 생각보다 길어졌습니다.

"미세먼지 때문에 숨을 쉴 수가 없어. 너무 아파."

미세먼지 핑계를 대며 그녀가 눈물을 보이자, 그녀의 딸이 실시간 미세먼지 지도를 살펴본 후, 멀고 먼 남쪽 지방을 손으로 가리켰습니다.

절망은 그녀를 통영으로 이끌었고, 슬픔에서 멀어지기 위해 그녀는 서른 번도 넘게 통영을 찾아갔습니다. 그리고 얼마 후, 그녀는 아예 이삿짐을 꾸려서 통영에 정착하게 됩니다.

'잃는다는 것은 얻는 것'이라는 말의 뜻을 통영에 와서야 깨닫게 되었습니다. 서울과 경기도에서만 살아온 우리 부부에게 통영은 미지의 공간이었습니다. 우리는 익명의 공간과 고독의 침묵에 익숙하기 때문에 외로움이 두렵지 않았습니다. 하지만 새로 알게 된 이웃들은 우리가 고독에 눌러앉아 슬픔을 되뇌지 않도록 손을 내밀어 주었습니다. 아파트 입주자 회의에 참석하게 되면서 알게 된 이웃들이 "저희 집에 오셔서 같이 차도 마시고, 이야기도 나눠요."라며, 다정하게 마음의 문을 열어주었습니다.

이렇게 시작된 이웃 간의 소통은 이야기를 낳고, 독서 모임으로 이어진 후 글을 쓰는 시간으로 확장되었습니다. 엄마 품처럼 따사롭고, 편안하게 숨을 쉴 수 있는 곳. 잔잔한 음악처럼 평범한 나의 이야기에도 고개를 끄덕이며 장단을 맞춰 주는 다정한 사람들. 명품 가방도, 비싼 보석도, 화려한 이력도 시선을 끌지 못하는 가장 순수한 공간.

'모모의 책숲'은 슬픔과 공감의 눈물, 기쁨과 응원의 웃음, 책과 호흡을 함께하는 이웃들의 심장 박동으로 이루어져 있습니다. 온유의 따듯하고 부드러운 숨결, 지인의 순수한 마음, 민(旼)의 아름다운 문장, 요림의 소설 같은 이야기, 산도의 빛나는 깨달음. 글보샘의 '책 먹는 여우'를 꿈꾸는 삶의 기록. 부족하지만 아름다운 우리의 이야기가 맑은 바람이 되어 마음속 먼지를 걷어내고 있습니다. 낮에는 통영 바다의 윤슬처럼, 밤에는 어두운 하늘의 달빛처럼 당신이라는 새로운 공간에 '모모의 책숲'이 머무르기를 바랍니다.

2025년 7월 1일
글보샘

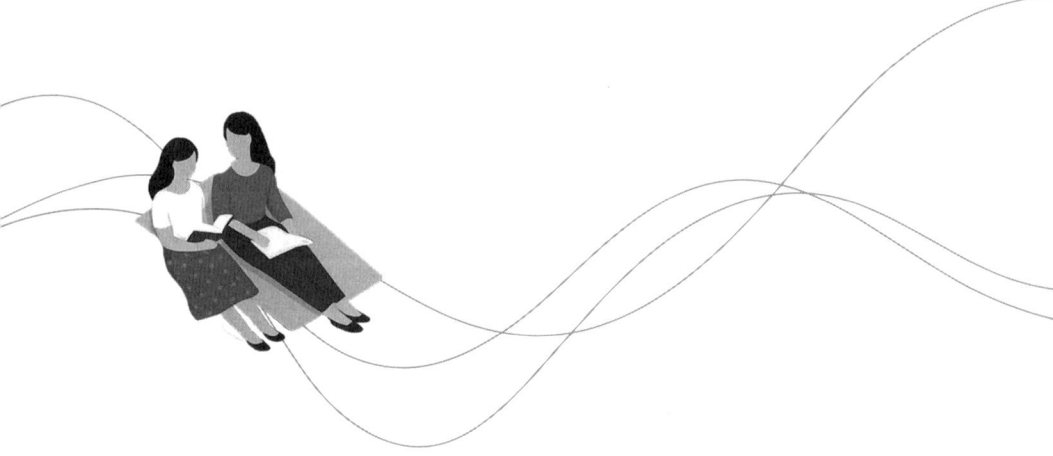

덧붙임

- '모모'는 '엄마들의 모임'을, '책숲'은 '책으로 숲을 이루다'는 뜻을 담고 있습니다. 즉, '모모의 책숲'은 엄마들이 모여 책과 글로 숲을 이루는 공간입니다.

- 『모모의 책숲에서 만나요』는 두 개의 장으로 이루어져 있습니다. 1장 '글숲'은 수기와 수필로, 2장 '책숲'은 독서 감상문으로 구성해 여러분과 따뜻하게 소통할 수 있는 공간을 마련했습니다.

- 이 책의 수익금은 출판 비용을 제외하고 전액 기부할 예정입니다. 북펀딩에 참여해 주시는 분들의 이름을 책 뒷장(부록)에 실어, 함께 나눈 기쁨을 기록하였습니다.

- 바쁜 일정 속에서도 흔쾌하게 편집을 맡아 주신 '천재교과서 손유빈' 선생님, 고3 수험생임에도 표지 디자인을 맡아 준 통영고 '배태양' 학생에게도 감사의 마음을 전합니다.

회칙

• 기본 회칙

1. 본 회의 명칭은 '모모의 책숲'으로 한다.
2. 본 회는 독서를 통해 함께 성장하고, 가족과 지역 공동체에 선한 영향력을 미치는 것을 목적으로 한다.
3. 회원 자격은 '한 달에 두 권의 책을 읽고', 수업 계획안을 성실히 이행하는 자로 한다.
4. 회원은 입회 시부터 매달 10만 원의 회비를 납부할 의무가 있다.
5. 모임은 원칙적으로 매주 화요일 오전 10시 30분에 진행한다.
6. 부득이하게 모임에 불참할 경우, 늦어도 하루 전까지 '단톡방'에 알린다.

• 상세 회칙 – 핵심 가치

1. 독서를 통해 혜안을 기르되, 책에 얽매이지 않는다. (자신의 중심을 세우는 참고 자료로 지혜롭게 활용한다.)
2. 회원 간의 '다름'을 존중하며, 타인의 허물에 집착하지 않는다. 서로의 약점보다는 강점을 발견하고, 타산지석의 자세로 배움

을 얻는다.

3. 회원 간에는 경청과 배려, 존중의 태도를 갖추고 진심으로 마음을 나눈다.

• 상세 회칙 – 정기적 활동

1. 좋은 책을 추천하거나, 읽고 싶은 책을 자유롭게 공유한다.
2. 매달 한 번 함께 식사하며 친목을 다진다.
3. 기억에 남는 책을 선정하여 일정 간격(예: 6개월 또는 1년)으로 다시 읽는다.
4. 일 년에 한 번 문집을 출간한다.

• 상세 회칙 – 연 1회 행사

1. 1년에 한 번 이상 서점을 함께 방문한다.
2. 1년에 한 번 단체 사진을 촬영한다.
3. 1년에 한 번 이상 포트럭 파티를 진행한다. (가족과 친구 초대 가능)
4. 1년에 한 번 이상 영화, 뮤지컬 감상, 미술관 방문, 등산 등 문화·여가 활동을 함께 한다.

• 기타 사항

상세 회칙에 따른 모든 계획은 회원 간 협의를 통해 날짜를 확정한다.

차례

글보샘 들어가며   4

회칙   8

모모의 글숲

이요림	비린내 + 알로에 = 할머니	14
온유	고3 엄마가 되었다.	36
산도	그때의 섬, 그때의 나, 그 모든 순간의 그리움	50
민	나비가 되어라	63
지인	나의 아버지	79
글보샘	통영은 날마다 축제	95
이요림	빨리 나와 같이 늙자	101
온유	통영은 늘 봄이었다	113
민	나의 사랑, 클레멘타인	124

지인	고요함에 머물다	131
글보샘	설탕 한 수저, 추억의 주술	135
온유	스쳐 간 마음에 말을 건다	139
산도	나는 나를 아끼고 사랑합니다.	152
민	문둥아, 그라이께 내 구석이 조은기라	159
지인	뒤늦은 깨달음	168

모모의 책숲

글보샘	아무튼, 모모에게 가 봐요! - 미하엘 엔데의 '모모'를 읽고	179
산도	부모로 산다는 것 - 감독이 아닌 응원단으로 - 김성곤의 '완벽한 부모가 아이를 망친다'를 읽고	186
온유	욕망은 누구의 것이었을까 - 에밀 졸라의 '여인들의 행복 백화점'과 헨리 데이비드 소로의 '월든'을 읽고	194
민	공부해라, 성실해라, 사랑해라, 너의 삶을 살아라! - 정재찬의 '우리가 인생이라 부르는 것들'을 읽고	202
지인	미소가 있는 행복한 방 - 우지현의 '혼자 있기 좋은 방'을 읽고	212

이요림 다정함의 빈자리를 뱃살이 채웠나보다
    - 켈리 하딩의 '다정함의 과학'을 읽고   221

글보샘 책 먹는 여우야, 어디 숨었니?
    - 프란치스카 비어만의 '책 먹는 여우'를 읽고   229

온유 좌표
    - 김서령의 '외로운 사람끼리 배추적을 먹었다'를 읽고   233

민 다정한 부모는 모든 고통의 울타리가 된다
    - 조선미의 '영혼이 강한 아이로 키워라'를 읽고   240

산도 읽고 썼더니 나왔어요, 진심
    - 법정 스님의 '산에는 꽃이 피네'를 읽고   255

천재교과서 손유빈 나오며   265

부록

새마을 문고 국민독서경진대회 수상작 (편지글 부문 최우수상)

민   안녕, 나의 사랑하는 마땅이들 (材宜, 篤宜)   274

'모모의 책숲'에서 함께 읽은 책   280

북펀딩(기부)에 동참해 주신 따뜻한 이웃들   282

모모의 글숲

우물쭈물, 주춤주춤 뒤로 밀려나 있던 나의 이야기가 침묵의 시간을 깨고, 소통의 공간으로 나아가기 시작했습니다. '모모의 책숲'에서 만난 다양한 빛깔의 세상이 내 안으로 흘러들어오자, 우리는 모두 각자의 이야기 주머니를 풀어놓게 되었습니다. 그리고 그렇게 모인 이야기들이 하나둘 쌓여, 마침내 '모모의 글숲'을 이루게 되었답니다.

비린내 + 알로에 = 할머니

이요림

"할머니, 잠이 안 와요"

1998년 선선한 바람이 불던 초여름, 잔잔한 파도 소리와 귀뚜라미 소리에도 쉽사리 잠이 들지 못했던 나는, 나뭇잎을 찾아 꿈틀대는 애벌레처럼 할머니 품속으로 스르르 파고들었다. 부드러운 비누 향과 세월이 밴 장롱의 나뭇결 냄새가 뒤섞여 포근하면서도 따뜻했던 할머니의 품.

색이 바랜 삼베옷 자락을 말없이 목까지 끌어올리며 할머니는 축 늘어진 젖가슴을 '툭'하고 내어주셨다. 젊은 시절엔 남정네들의 시선을 단번에 사로잡았을 듯한 풍만했던 가슴은 이제 제 몫을 다 했다는 듯 뱃살 위에 늘어져 세월의 무게를 고요히 증명하고 있었다. 나는 그 하얗게 늘어진 할머니의 젖을 물고 잠이 들었던 기억이 아직도 생생하다.

해가 뜨기도 전에 일터로 나가시던 할머니의 방에는 커튼이 없었다. 밝지도, 어둡지도 않았던 할머니의 방. 창밖으로 달빛에 물든 바다가 조용히 아롱거리던 밤. 그리고 그 밤을 가득 채우던, 할머니의 냄새. 봉숭아 물이 살짝 스민 작고 예쁜 손톱, 할머니는 그 어여쁜 손으로 손녀가 잠들 때까지 머리와 볼을 어루만져 주셨다. 까칠까칠한 손끝과 머리카락이 맞닿으며 내는 '슥, 슥' 소리, 할머니의 부드러운 가슴과 따뜻한 숨결! 할머니 곁에 머물러 있으면 나는 스르르 잠이 들었다. 하지만 그때는 몰랐다. 이 모든 추억이 훗날, 이렇게 사무치게 그리울 줄이야.

비린내

어판장 중매인이었던 할머니에게선 매일 생선 비린내가 났다. 침을 묻혀가며 돈을 세던 왼쪽 엄지손가락에도, 맥없이 획획 넘어가던 지폐에서도, 주머니가 여러 개 달려 있는 메시 소재의 빨간 조끼에서도, 늘 목에 걸고 다니던 휴대폰 목걸이에서도, 집안 곳곳 생선 비린내가 가득했다. 하지만 나는 할머니의 비린내가 좋았다. 할머니의 돈에서 나는 따스한 비린내, 할머니 속바지에서 나는 꿉꿉한 비린내, 꼬불꼬불한 머리카락에서 나는 푸석한 비린내, 살에서 풍기는 부드러운 비린내와 새벽 세 시, 늘 기도 하면서 태우던 할머니의 한숨 같은 담배 연기 비린내까지. 나는 할머니와 함께하는 모든 비린내를 사랑했다.

새벽에 출근해서, 정오가 지난 시간에 퇴근하시는 할머니와 같이 집에 가고 싶은 마음에, 할머니가 일하시는 곳으로 향했다. 그날은 마침 초등학교 친구들을 우리 집에 초대한 날이었기에, 함께 어판장에 들렀다. 같이 온 친구들은 어판장에 처음 와봤는지, 축축하게 젖은 바닥 위에서 까치발로 걸으며 손가락으로 코를 틀어막았다. 나는 순간 화가 치밀어 올랐다.

"야, 너희들 그따위로 걸을 거면 그냥 집에 가!"

"아니, 바지에 물 튈 것 같아. 여기 생선 비린내가, 웩~ 웩."

연신 헛구역질을 해대던 미용실 집 딸내미의 싼 티 나는 탈색한 머리채를 한 움큼 쥐어 뽑고 싶은 충동이 들었다. 언젠가 그 집 미용실에 가서, 고약한 냄새가 나는 약품으로 파마 중인 아줌마 옆에 앉아 나도 실컷 헛구역질을 해 줘야겠다는 엉뚱한 복수심마저 들었다. 비린내보다 역겨운 친구들의 행동에 짜증이 치솟아, 나는 눈이 찢어질 듯 그들을 노려보았다. 그 감정의 소란을 깨듯, 저 멀리서 할머니가 내 이름을 크게 부르셨다. 할머니는 아무것도 걱정하지 말라는 표정으로, 한없이 맑고 따뜻한 미소로 우리를 반겨주셨다.

"아이고 내 강생이 친구들이가? 밥은 뭇나? 아나~ 이걸로 맛있는 거 사무래이"

할머니는 비린내 밴 빨간 조끼 안에서 두툼한 돈 다발을 꺼내시더니, 그 사이에 끼워져 있던 만 원짜리 지폐들을 턱턱 친구들에게 내주셨다.

"감사합니다!"

한 치의 망설임 없이 두 손으로 덥석 돈을 받아 챙기는 친구들의 표리부동한 태도에 부아가 치밀었지만, 나는 애써 웃으며 할머니와 나란히 걸었다. 불편한 다리로 뒤뚱거리며 걷는 할머니의 걸음을 말없이 훑어보는 친구들의 시선이 못 견디게 불편했다. 나는 어색한 핑계를 대며, 서둘러 친구들을 집으로 돌려보냈다.

"강생아, 친구들하고 집에서 놀지 왜 가라켔노? 할미한테 냄새 나서 그라나?"

"아니요! 무슨 냄새? 여기 동네 천지가 다 생선 비린낸데……."

할머니의 느린 보폭에 맞춰, 나는 말없이 할머니 손을 꼭 잡았다. 그 거칠고 딱딱한 손바닥의 온기를 느끼며, 비린내 나는 동네를 걷고 또 걸었다. 할머니의 귀가 빨갛게 달아올랐다. 부끄러워서였을까? 그때 할머니의 마음이 궁금했지만 묻지는 않았다.

다음날, 할머니 어판장에 또 놀러 가자는 그 망할 년들과는 인연을 끊었다.

생선 비린내. 나에게는 오히려 익숙하고 편한 냄새다. 아기 때부터 놀이터처럼 드나들던 어판장. 나는 명절 때마다 늘 한복을 차려입고 어판장 중매인들 앞에서 재롱을 부렸다. 축축하게 젖은 목장갑으로 생선 비늘 튄 갑바 (방수 앞치마)를 툭툭 털고, 겨드랑이 밑으로 장갑을 끼운 채, 뭉툭하고 두꺼운 손으로 박수를 치며 웃던 상인들의 미소가 지금도 눈에 선하다. 아이의 순수함 앞에서 더 순수하게 웃으셨던 따뜻한 미소에는 지금은 느낄 수 없는 정다움이 있었다.

할머니가 돌아가시고 나서, 비린내와 함께했던 추억들이 그리워, 어판장으로 향했다. 발을 디딜 때마다 코끝을 자극하는 생선 비린내가 나를 반긴다. 바닷바람에 섞인 소금 짠내와 소리 없이 낮게 비행하는 갈매기들의 노련함, 상인들이 신고 있는 장화에서 느껴지는 분주함. 트럭의 '달달달' 거리는 배기통 소리까지, 모든 것이 할머니를 떠올리게 했다. 하지만 그때의 그 따스했던 비린내는 더 이상 느낄 수가 없었다.

아무 연고 없는 낯선 땅에서 홀로 자식을 키우며 삶을 일구었던 할머니의 단단한 모습은, 지금도 내 삶의 구심점으로 남아 있다. 할머니는 무엇이든 포기하지 않는 법을 몸소 보여주셨다. 그래서, 나는 비린내가 가득했던 할머니의 삶이 조금도 부끄럽지 않다. 오히려 자랑스럽다. 그 냄새가 내 아버지와 나를 키웠고, 할머니가 고스란히 담긴 생명의 냄새였으니까.

할머니

햇살 아래 팽팽하게 무르익은 열매처럼, 결혼 적령기를 맞이하고 있던 나의 20대 후반. 그 무렵, 할머니는 폐암 말기 시한부 판정을 받으셨다. 그 소식을 들은 순간, 마음속 어딘가가 툭 하고 떨어지는 것 같았다. 무를 큼직하게 썰어 작은 참조기를 넣고 감칠맛 나게 담가주시던 할머니의 무시김치와, 된장 풀어 두부만 넣어도 미슐랭 뺨치게 끓여내시던 된장찌개의 비법도 배우지 못했는데 말이다. 시간이 얼마 남지 않았다는 생각에 나는 어떻게든 할머니가 살아계실 때 결혼식을 올려야겠다고 마음을 먹었다.

시한부 결과를 전혀 모르시는 할머니께 조심스레 결혼 이야기를 꺼내었다. 어릴 때부터 줄곧 들었던 할머니의 남자 고르는 철학을 되새기며 살아왔지만, 내가 오래 사귄 남자 친구는 아이러니하게도 할머니가 그토록 만나지 말라던, 키 크고 잘생긴 남자였다.

"절대, 절대로 키 크고 잘생긴 남자랑은 만나면 안 된다이?! 함부래이 읍시롱!!"

다섯 살, 천지도 모르는 손녀를 볼 때마다 귀가 닳도록 하시던 할머니의 말씀은, 얼굴만 보고 시집가서, 반냉주대 같은 남자를 만난 할머니의 후회와 고통이 담긴 말이었다. 할머니는 격앙된 어조로 잘생긴 남자의 위험성에 대해 거듭 경고하셨다. 텔레비전 드라마를 볼 때도, 키가 크고 잘생긴 남자 주인공이 등장하면, 할머니는 거친 말들을 쉴 새 없이 내뱉으셨다. 한껏 모아 쥔 입매, 그 입술 옆에서 자태를 뽐내며 찍혀져 있던 점, 흥분하여 튀어 오르던 침들까지, 슬로 모션처럼 모든 장면이 머릿속에 생생하게 재생된다.

나는 휴대폰을 들고 남자 친구의 사진을 열었다, 닫았다 했다. 혼나러 가는 아이처럼 마음이 괜히 조마조마했다. 꼴깍 마른침을 삼키며 조심스럽게 남자 친구 사진을 열어 할머니 앞에 내밀었다. 할머니는 재떨이 옆에 놓인 돋보기를 집어 들어 코끝에 걸치고, 휴대폰 속 남자 친구의 사진을 유심히 보셨다. 사진을 보자마자 할머니의 표정이 일그러졌다. 그러고는 얼굴을 붉히며 예전처럼 격한 목소리로 말씀하셨다.

"쌔빠질 것! 기생오라비처럼 생겼구먼! 할미가 누누이 말했제! 잘생긴 남자는 절대 만나지 말라고! 안 된다. 이 자슥하고는 절대로 안 돼!"

나는 할머니의 앙상한 종아리를 주무르며, 너스레를 떨었다.

"아이~ 할머니, 오빠 진짜 착해요. 엄청 성실하고, 돈도 잘 벌어요. 다음 주에 데리고 와 볼게요. 할머니가 직접 보시면 분명 마음에 들어 하실 거예요."

할머니는 입을 삐죽이며 눈을 흘기셨다. 걱정과 까탈스러움이 뒤섞인 그 모습에 속이 조금 상했지만, 그 안에 담긴 깊은 사랑만큼은 내가 누구보다 잘 알고 있었다.

할머니를 처음 뵙는 자리. 남편은 제법 긴장한 눈치였다. 입고 온 옷을 몇 번이고 단단히 여미며, 벨을 눌렀다. 문이 열리자, 남편은 큰 소리로 외쳤다.

"할머니, 안녕하세요? 처음 뵙겠습니다."

살면서 할머니의 화장한 모습을 본 건 손에 꼽을 정도였는데, 그날이 바로 그런 날이었다. 얼굴과 어우러지지 않은 뽀얀 분칠, 서툴게 바른 진한 핑크색 립스틱. 그 모습은 마음 깊은 곳을 시리게 하면서도, 왠지 모르게 할머니를 더 사랑스럽게 느끼게 했다.

고심 끝에 고른 과일 바구니를 조심스레 부엌 식탁에 내려놓고, 소파에 앉아 계신 할머니 곁으로 갔다. 남편은 AI 로봇같이 어색한 몸짓으로 어설프게 웃으면서 할머니와 인사를 나누었다. 나는 소파 옆에서, 먹다 남은 인절미 위로 덮인 비닐랩을 손톱으로 톡톡 찢으며, 할머니의 표정을 조심스레 살폈다. 내 예상과 달리, 남편을 바라보는 할머니의 두 눈은 초롱초롱 빛났고, 봄볕 아래 수줍게 핀 꽃같이 다정했다.

"아가, 뭐 좋아하노? 뭐 시키주까? 탕수육 시키주까? 핏짜? 햄버거 좋아하나?"

걸걸한 목소리를 곱게 가다듬고 한 자 한 자 정성을 다해 말하는 할머니가 귀여웠다. 키 크고 잘생긴 남자는 절대 만나지 말라며 불호령을 내리시던 할머니는 온데간데없었다. 전라도가 고향이신 할머니는 전라도 손맛을 한껏 뽐내시며, 상다리 부러지게 밥을 차려 주셨다. 할머니의 마음만큼 높이 쌓아 올린 고봉밥을 뚝딱 해치우는 남편이 기특한 듯, 할머니는 입꼬리를 씨익 올리며 흐뭇한 미소를 지으셨다. 한참 동안 남편의 먹는 모습을 넋 놓고 바라보시더니, 목에 차고 있던 폴더 폰을 얼른 열어 어디론가 전화를 걸었다.

"어, 내다! 요게 우리 집에 귀한 손님이 와있거든? 탕수육 대짜리 바삭하게 튀기가, 한 개 가꼬 와 봐라."

그 말을 듣자마자 남편의 얼굴이 뻘겋게 달아오르더니 이마에 땀이 송골송골 맺히기 시작했다. 그러곤 말없이 내 손을 꼭 잡으며 트림을 꿀꺽 삼켰다. 나는 눈을 깜빡이며 당황한 그의 등을 가만히 토닥여 주었다. 턱을 내리깔고 연신 배를 쓸어내리던 남편은, 할머니 마음처럼 따뜻하고 바삭한 탕수육이 도착하자 결심한 듯 힘차게 소매를 걷어 올리고 탕수육 비닐을 뜯었다. 탕수육을 한입 가득 넣은 채 터질 듯한 볼과 반질거리는 입술로, 남편은 할머니를 바라보며 '씩' 웃었다.

바지런히 음식을 먹는 남편의 모습에 할머니는 연신 "잘 묵네, 잘 묵어"를 외치며 환하게 웃으셨다. 그날의 밥상에는 음식보다 따뜻한 마음이 그득했고, 흘러가는 시간을 되감아 다시 음미하고 싶을 만큼 행복한 순간으로 기록되었다. 어릴 적 자식들을 제대로 먹이지 못한 게 한이 되어, 손주들만큼은 잘 먹이고 싶다고 했던 할머니. 그런 자신의 바람에 꼭 맞는 손녀사위의 먹성이 마음에 드셨던 모양이다. 흐뭇하게 남편의 먹는 모습을 끝까지 지켜보셨다. 꾸역꾸역 음식을 다 먹어 치운 남편은, 엄지와 검지 사이 움푹 들어간 손등 부위를 말없이 꾹꾹 누르며 설거지를 도우러 일어섰다. 할머니는 남편의 반쯤 들린 엉덩이를 눌러 앉히며 말하셨다.

"어데 남자가 주방에 들어갈라카노?! 고마 앉아 있거라, 읍시롱!"

나는 어이없는 한숨을 내쉬며 혼자 주방으로 향했다. 고무장갑을 끼고 설거지를 시작하려고 물을 틀었다. 물줄기가 흐르는 소리를 틈타, 할머니는 총총걸음으로 내게 다가와, 소파에 앉아 쉬고 있는 남편을 가리키며 조용히 말씀하셨다.

"림아, 꼭 느그 할배 젊었을 때 보는 거 같다. 우찌 니는 그리 남자 보는 눈도 할미를 닮았노…"

"할머니, 할아버지가 그렇게 싫다고 맨날 뭐라 카시드만, 울 할아버지가 잘생기긴 하셨지."

훤칠한 키, 백옥같이 뽀얀 피부, 작은 얼굴에 오똑한 콧날, 모성애를 자극하는 동그랗고 축 처진 눈, 그리고 손까지 곱디곱던 할아버지. 할머니는 잘생긴 손녀사위를 보며, 마치 할아버지의 젊은 시절을 떠올리시는 듯했다. 그를 바라보는 내내, 할머니의 눈에서는 꿀이 뚝뚝 떨어졌다. 그 모습이 감사하면서도 할머니가 안쓰러웠다. 하루에 담배를 세 갑씩 피우며, 상인들에게 밀린 대금을 받을 때면 남자인지 여자인지 헷갈릴 정도로 매서웠던 할머니. 그런데 지금 생각해 보니, 할머니도 여자였구나. 할머니에게도 사랑이 있었구나. 할아버지의 오랜 부재가 그녀를 강인한 여자로 만들어 버렸구나. 할머니를 고생길로 내몬 할아버지의 모습을 떠올리다 보니, 괜히 할아버지를 닮은 내 남편까지 미워졌다.

　나는 결혼하기 전까지 할머니를 간병했다. 마음 같아서는 더 오래 곁을 지키고 싶었지만, 한창 예쁜 나이에 할머니 간병을 한다며 안타까워하는 주위 사람들의 말과, 자주 만나지 못하는 남편에게 미안한 마음이 들어서 결국 나는 할머니 곁을 떠날 수밖에 없었다. 아픈 몸으로 홀로 지내실 할머니를 생각하면, 죄책감과 그리움이 늘 나를 그늘지게 했다. 내가 없는 빈자리를 아프게 나무라는 듯, 할머니는 나와 떨어져 지내는 동안 건강이 급격하게 나빠지셨고, 결국 요양원으로 가셨다.

　아픈 사람이 좋은 날에 가면 안 된다며, 할머니는 끝끝내 내 결혼식에도 오시지 않으셨다. 행복하지만 슬펐던 결혼식과 신혼여행을 마치고, 무거운 마음으로 할머니를 찾아뵈었다. 며칠 전, 대게를 드시다 이가 빠지셨다는 소식을 들었기에 마음이 더 좋지 않았다. 이가 빠진 모습에 사람 만나는 걸 꺼려하시는 건 아닌지 걱정이 앞서면서 눈물이 났다. 할머니 병실 앞에서 깊게 숨을 들이쉬며, 터질 듯한 감정을 꾹꾹 누르고 병실 문을 열었다.

"할머니, 저희 왔어요."

문을 열고 들어서자, 할머니는 빠진 이를 개의치 않으시고, 활짝 웃으며 우리를 반겨 주셨다. 울컥한 내 표정에, 할머니는 오히려 더 크게 웃으셨다. 무슨 일 있느냐는 듯한 표정으로, 할머니는 말을 건네셨다.

"림아, 할미 집에 가면 청화 백자 항아리 안에 할미가 맨날 돈 넣어놓는 거 알제? 거기 돈 엄청 많이 있데이, 그거 갖고 가서 정현이랑 맛있는 거 사무라. 알았제?"

몇 번을 가르쳐 드려도 기억 못 하는 남편의 이름을, 할머니가 마음대로 부르시게 그냥 놔두었다. 요양원에 계신 뒤로 치매 증상이 보인다고 하셨다. 할머니는 온전치 못한 기억 속에서도 과거의 고단함과 고통을 여전히 간직하고 있었다. 자식들 배곯는 게 지옥 불에 떨어지는 것보다 싫다 하셨던 할머니는, 손주들에게도 늘 배부르게 먹이셨다. 그것이 할머니의 가장 큰 기쁨이자 안도였고, 한 끼라도 굶을까 봐 늘 냉장고를 채워 두셨다. 할머니는 아픈 와중에도 내가 밥은 먹었는지, 돈은 있는지 그것부터 챙겨 물으셨다. 생각해 보니, 나는 여태껏 할머니께 용돈을 드린 적이 한 번도 없었다. 돈도, 사랑도, 항상 받기만 했다. 이제는 되돌릴 수 없는 후회들이 가슴을 조용히 할퀴고 지나간다.

할머니는 한동안 돈 얘기만 하시다가, 병실 밖에 핀 하얗고 예쁜 꽃처럼 환한 얼굴로 내 손을 주무르며 말씀하셨다.

"림아, 할미가 꼬추 안 본 지 40년이 넘었다. 꽃손주 한번 보고 죽는기 할미 소원이다."

할머니가 내게 '소원'이라는 단어를 말한 건, 그날이 처음이었다. 평생 드시고 싶은 것도, 하고 싶으신 것도 없다고만 하시던 할머니가 처음으로 '소원'이라는 말을 꺼냈다. 그 순간, 나는 할머니께 꼭 손주를 안겨드리고 싶었다. 꽃손주가 태어난다면, 그 기쁨에 할머니의 생명도 꽃처럼 환하게 피어나지 않을까.

임신은 생각보다 쉽지 않았다. 남편은 나와의 의무처럼 느껴지는 관계에 지칠 법도 했지만, 내 간절함을 누구보다 잘 알았기에 묵묵히 견뎌 주었다. 몇 달이 흘러도 성과가 없었다. 나는 더는 인간의 힘으로는 안 되겠다는 생각에, 하나님을 붙잡고 절박하게 기도하기 시작했다. 천국에 계신지, 지옥에 계신지도 모를 할아버지까지 불러내어, 아들 하나만 달라고 눈물로 매달리던 밤들이 이어졌다.

그러던 어느 날, 꿈을 꿨다. 낯익은 동네가 나왔다. 어린 시절, 할머니와 함께 살던 그 동네였다. 뒷골목에서는 이름 모를 전시회가 열리고 있었고, 나는 천천히 그림들을 감상하고 있었다. 제일 큰 초상화 앞에서 걸음을 멈춰 자세히 들여다보았다. 그 그림은 할아버지의 초상화였다.

"어, 할아버지 사진이 왜 여기 있지?"

바로 그 순간, 그림 속에서 할아버지가 불쑥 나타나셨다. 아무 말 없이 웃으며, 손에 들고 있던 파란 보자기를 내 품에 안겨 주시고는 말없이 사라지셨다. 보자기를 조심스럽게 펼치자, 그 안에는 갓난아기가 고이 감싸져 있었다. 놀라움에 숨이 멎을 듯해 헐레벌떡 꿈에서 깨어났다.

그 꿈을 꾸고 이틀 뒤, 기적처럼 새 생명이 찾아왔다. 제일 먼저 할머니께 그 소식을 전하자, 할머니는 눈시울을 붉히며 기쁨의 눈물을 흘리셨다. 사실 나는 딸을 바랐지만, 할머니의 소원을 떠올리며 간절히 아들이기를 빌었다. 그리고 마침내, 할머니 품에 그토록 바라시던 아들 손주를 안겨드릴 수 있었다.

할머니는 주렁주렁 바늘이 꽂힌 앙상한 팔로, 아기를 조심스레 안아주셨다.

"하이고, 요 꼬추 바라. 세상에 어데서 이리 예쁜 기 있노!"

할머니는 빵긋 웃는 아기를 한참 바라보시더니, 아픈 것도 잊은 채, 힘없는 손끝으로 아이의 뺨을 계속 쓰다듬으셨다. 마치 오래전부터 기다려 온 선물을 막 받아 든 소녀처럼, 행복해하셨다. 손자 걸음마 뗄 때, 학교 입학할 때, 고등학교 졸업할 때, 장가갈 때. 그때까지만 살아계신다면 얼마나 좋을까 생각하며, 나는 쏟아질 듯한 울음을 삼켰다. 빠진 이가 무색할 만큼 환하게 웃으시는 할머니를 보며, 나는 할머니의 가장 아름다웠을 순간을 상상했다. 첫아들을 갖고 기뻐하셨을, 스무 살의 '문정자' 말이다.

청초한 미소가 유난히 고왔던 스무 살의 할머니는, 서울에서 할아버지를 만나 결혼하셨다. 부유한 집안인 할아버지와의 결혼 생활은 걱정 없이 행복할 줄 알았지만, 실상은 달랐다. 한량 기질이 다분했던 할아버지는 이곳저곳을 돌아다니면서 인생을 즐기느라 바빴고, 가정에는 좀처럼 마음을 두지 않으셨다. 그토록 무책임한 가장이었음에도, 할머니는 늘 할아버지를 그리워하며 사셨다. 일 년에 어쩌다 한 번 집에 들르는 할아버지를 묵묵히 기다리며, 아이를 품고 낳는 순간까지도 홀로 감내하셨다.

할머니가 스무 살에 낳은 귀한 첫째 아들이 바로 내 아버지다. 할아버지는 수행 기사에 보모까지 붙일 만큼 첫째 아들을 극진히 아꼈다고 했다. 하지만, 집보다 바깥세상이 더 즐거웠던 할아버지는 아버지가 태어나고 몇 년 뒤, 어린 아버지와 임신한 할머니만 남겨둔 채 홀연히 자취를 감췄다. 할머니는 무거운 만삭의 몸을 이끌고 할아버지를 찾아다니셨다고, 여기저기 수소문한 끝에 할아버지가 '전라도 광주'에 있다는 소식을 듣게 되었다. 할머니는 사라진 남편을 찾아 다시 그곳, 할머니의 그리운 고향, 광주로 몸을 실었다.

광주의 한적한 골목 끝, 오래된 폐교를 개조해 만든 나전칠기 공장이 있었다. 거칠게 갈린 나무 복도, 한때 칠판이 있었던 교실 벽엔 자개 판이 걸려 있었다. 칠이 벗겨진 책상 위엔 반쯤 비운 커피잔이 놓여 있었고, 쫙 빼입은 정장 차림의 한 남자가 담배 연기를 내뿜으며 앉아 있었다. 바로 할아버지였다. 그 시절 자개로 만든 장롱 가구가 큰 인기를 끌었고, 할아버지는 사업을 위해 광주에 내려왔다고 했다. 할머니의 애타는 속사정을 아는지 모르는지, 할아버지는 연거푸 담배만 피우고 있었다.

담배 연기 사이로 비치는 할머니의 슬픈 눈빛과, 외로움이 머릿속에 그려진다. 아이를 품은 뱃속만 따뜻할 뿐, 모든 것이 차갑고, 시리고, 아팠을 것이다. 할머니의 지고지순한 사랑이, 기름을 부은 듯 활활 타오르던 할아버지의 마음을 잠시나마 잠재우는 듯했지만, 결국 그 불씨는 꺼지지 않았다. 할머니가 셋째를 품었을 무렵, 할아버지는 또다시 짐을 싸고 떠나 버리셨다. 진절머리가 날 만한 그 상황 속에서, 할머니는 무엇을 붙잡고 계셨을까. 끝내 놓지 못한 사랑이었을까, 아니면 생존을 위한 절박한 인내였을까.

다시 할아버지를 쫓아 할머니는 이곳, 통영까지 오게 되었다. 짐이라곤 아이 손을 잡고 다녀도 가볍기만 한 천 보자기 하나가 전부였다. 할머니는 이를 악물고 할아버지를 찾아다녔다. 아무런 연고도 없는 통영에서 김 서방을 찾는 일은, 바늘을 바다에 던져두고 찾는 것만큼이나 막막했을 것이다. 자식 둘을 이끌고 만삭의 몸으로 차가운 통영 바닷바람을 뚫으며, 할머니는 하루하루를 견뎌야 했다. 좁은 골방에서 아이들과 몸을 웅크린 채 쪽잠을 잤고, 길가에 버려진 채소와 생선을 주워 끼니를 때웠다. 불러온 배를 안고 시장 어귀를 서성이는 할머니 모습이 딱했는지, 상인들은 조심스레 일거리를 건넸고, 그렇게 시작된 일은 할머니가 세상을 떠나실 때까지 했던 일이 되었다.

푸르다 못해 시커멓게 일렁이던 통영 바다의 색은, 어쩌면 할머니 마음의 색이기도 했을 것이다. 미움도, 사랑도 그렇게 시커멓게 그을려 갔고, 그날 이후 할머니는 두 번 다시 할아버지를 찾지 않으셨다. 무심한 사랑 앞에서 할머니는 지켜야 할 것이 무엇인지 깨달으셨다. 그렇게 할머니는 아내가 아닌, 엄마로서의 삶을 선택하셨다.

알로에

최신식 아파트에 살면서도, 할머니는 늘 욕조에 물을 가득 받아두고, 대야로 물을 퍼 가며 몸을 씻으셨다. 나는 그런 오래된 습관을 가진 할머니와 목욕하는 시간이 좋았다. 몸을 닦을 때마다 내는 '수, 수', '스, 스' 영문 모를 소리와, 습한 욕조 위로 아지랑이처럼 가늘고 흐느적거리며 피어오르던 따뜻한 연기, 뿌연 수증기 사이로 비치던 하얗고 동글동글한 할머니의 몸. 앙상한 다리와 손바닥만 한 작디작은 발. 내 몸을 조심스레 씻겨 줄 때마다 흔들흔들 출렁이던 발그스름한 두 뺨. 할머니와 함께했던 목욕의 기억은 지금도 내 마음 한편에 몽글몽글하게 남아 있다.

할머니는 샤워를 마치고 냉장고에서 시원한 요구르트를 꺼내어주셨다. 나는 젖은 머리에 수건을 두르고, 의자에 앉아 할머니가 건네주신 요구르트 밑단에 구멍을 내어 쪽쪽 빨아 먹으며, 할머니의 움직임을 조심스럽게 바라보았다. 할머니는 베란다에서 장대처럼 곧게 뻗은 초록색 알로에 줄기를 뚝 떼어내, 단단하고 빳빳한 잎사귀를 조심스럽게 벗겨냈다. 맑고 부드러운 알로에 속살은, 날카로운 믹서기 칼날에 요구르트와 함께 갈려 나갔다. 할머니는 잎사귀 안에 남은 투명하고 끈적한 진액을 남김없이 내 몸 구석구석 정성껏 발라 주셨다. 알로에 속살을 생으로 드시는 할머니를 보고, 나도 따라 먹었는데, 인상이 찌푸려지는 맛이었다. 그 모습에 할머니는 입술을 쭈욱 내밀며, 내 엉덩이를 여러 번 두드려 주셨다. 만들어 놓은 알로에 주스에 요구르트를 더 섞어 예쁜 컵에 담아 주셨다. 요구르트를 먹었던 나는, 알로에 주스에서 단맛이라

곧 느낄 수 없었지만, 맛있는 척 꿀꺽꿀꺽 목구멍 안으로 깊숙이 삼켰다. 그 알로에 주스는 미끌미끌한 식감과 특유의 비릿한 향, 요구르트의 텁텁한 달콤함과, 할머니의 사랑이 묘하게 섞여 오래도록 잊지 못할 맛이 되었다.

할머니는 쌀통에서 생쌀을 반 되쯤 퍼 조롱박 안에 담고는, 조용히 거실 소파에 앉으셨다. 암암리에 만든 돌팔이 의사의 틀니가 여전히 제 몫을 다하고 있는지, 딱딱한 생쌀을 맛있게도 잡수셨다. 게으르게 기울어 가는 햇살 아래, 나는 무미하지만 달짝지근한 생쌀을 씹으며, 밀알만큼의 작은 죄책감을 안고 잘려 나간 알로에 화분을 바라보았다. 그땐 알로에가 불쌍하다고만 생각했지만, 지금 돌이켜보면 그 알로에는 꼭 할머니를 닮았다. 여린 속살을 보호하기 위해 잎사귀를 날카롭고 단단하게 만든 알로에처럼, 겉은 강해 보여도 속은 누구보다 따뜻하고 여렸던 내 할머니. 할머니의 거친 삶 속엔 가족을 감싸안은 진득한 사랑이 숨어 있었다.

나는 다시 그날로 돌아가 본다. 햇살에 물든 거실 한가운데 앉아 깨닫는다. 할머니의 사랑이 얼마나 조용하고도 깊었는지를.

'오도독 오도독', '타다닥 타닥 타다닥'

쌀 씹는 소리와, 전자계산기 자판 소리가 할머니의 손가락 지휘에 맞춰 하나의 연주곡처럼 방 안 가득 퍼져 나갔다. 비린내 가득한 빨간 조끼 안에서 꺼낸 돈뭉치들을 할머니는 종이 박스에 조심스레 옮겨 담으셨다.

나는 은행원처럼 꼬깃꼬깃 구겨진 지폐들을 모서리 끝단까지 쭉쭉 펴서 천 원짜리부터 만 원짜리까지, 가지런히 모양을 맞춘다. 그 섬세하고도 막중한 임무를 다 끝내면 할머니는 꼭 용돈을 쥐여 주셨다. 그래서 지폐 세는 일은 할머니와 함께 목욕하는 시간 다음으로, 내가 가장 좋아했던 순간이었다. 할머니는 누빔 방석을 깔고 앉아, 오래된 자개 상 앞에 조용히 몸을 붙이셨다. 표지가 꼭 파란색 물고기 비늘같이 생긴, 손바닥만 한 작은 장부 노트를 펼치며 모나미 볼펜으로 숫자를 또박또박 써 내려 가셨다. 내가 문방구에서 사다 드린 볼펜은 왜 안 쓰시냐고 물으니, 권사님이셨던 할머니는 성경 구절과 함께 '모나미 153 볼펜'에 대한 이야기를 해주셨다.

"시몬 베드로가 올라가서 그물을 육지에 끌어올리니, 가득 찬 큰 물고기가 153마리였으나 그물이 찢어지지 아니하였더라."(요한복음 21:11)

볼펜 하나에도 믿음을 담아 살아가시는 할머니의 모습에, 어린 마음이지만 묵직하고 큰 감동을 느꼈다. 할머니의 손바닥만 한 장부 노트가 마치, 아주 큰 일화를 담은 연대기같이 느껴졌다. 통영 바닷바람 속에서 홀로 꿋꿋하게 살아냈던 할머니의 시간과 하루하루를 믿음으로 견뎌낸 기록들이 숨 쉬고 있었다. 그 장부는 누구보다 단단하게 살아낸 할머니의 인생 장부였다.

늘 흔들림 없이 단단한 믿음을 지녔던 할머니는 내가 중학생이 되던 무렵부터 더 이상 교회에 나오지 못하셨다. 하지만 매달 교회 주보 십일조 명단에는 어김없이 할머니의 이름이 적혀 있었다. 어릴 적 나는 그 이유를 몰랐고, 굳이 알려고도 하지 않았다. 할머니가 세상을 떠난 뒤에야, 나는 조심스레 그 시간을 되짚기 시작했다. 오래된 우리 교회에는 계단만 있었고, 엘리베이터 같은 건 없었다. 그 계단을 오르기엔 할머니의 두 다리는 이미 너무 많은 삶의 경사를 견뎌온 뒤였다. 자식과 생계를 위해 매서운 파도 앞에 홀로 서서, 하루도 쉬지 않고 일하셨던 그 다리. 그 다리로는 교회의 계단조차 넘기 어려웠을 것이다. 나는 마흔이 되어서야 그 사실을 깨달았다. 너무 늦은, 참 아픈 깨달음이었다. 수십 년을 다닌 교회, 누구보다 가고 싶었을 그곳을 올라가지 못했던 할머니의 마음은 얼마나 쓸쓸했을까.

왜 그때, 나는 그 손을 잡아드리지 못했을까.

그 시절 할머니가 사주시던 탕수육은 햇살로 튀긴 듯 바삭했지만, 이제는 그 맛이 나지 않는다는 걸. 따뜻한 비린내가 감돌던 어판장엔 어느새 차갑고 쓸쓸한 비린내가 나고 있다는걸. 그때 먹었던 알로에 주스와 할머니는 더 이상 내 곁에 없지만, 벽돌 틈에 뿌리내린 꽃처럼 내 마음 깊숙한 곳에서 피어있다. 시간이 지나면 할머니 생각에 눈물 흘리지 않을 것 같았지만, 나는 여전히 할머니 생각만 해도 눈물이 난다. 그저 이름 하나, 목소리 한 조각만 떠올려도 가슴 깊은 곳이 저며온다. 할머니와 나의 관계는 세월이 흐른다고 쉽게 잊힐 수 있는 인연이 아니었고, 시간이 지나면 엷어질 사랑도 아니었다는 것을. 그건 내 삶 깊숙한 곳에 새겨져, 평생 지워지지 않을 영원한 사랑이다.

고3 엄마가 되었다.

어느새, 나는 어두운 터널 앞에 서 있었다.

온유

 끝이 보이지 않는 터널은 어둠이다. 빛 한 줄 새어들지 않아 어디가 끝인지조차 가늠할 수 없는 어둠. 마음은 바짝 마르고, 숨조차 턱 막힌다. 목이 타듯 초조한 생각은 하루에도 몇 번씩 희망과 불안을 오가며, 기대와 현실 사이에서 줄타기하는데 미칠 노릇이다. 기필코 이 터널을 무사히 지나가야 하니 어쩔 수 없다며, 아들의 축 처진 어깨도 외면한 채 안쓰러움을 감춘다. 눈앞의 욕심 때문일까? 유난히 나와 아들의 시간만 빨리 흐르는 것 같다. 아들 방 문고리를 잡고는 발을 동동 구르며 몰아치기 바쁜 일상이 되어 버렸다. 정작 고3은 아들이 되었는데 신경이 곤두서서 난리법석을 떠는 나는 고3 엄마가 되었다.

 준비된 마음 없이 시작된 고3 엄마는 시험지를 미리 받아 든 기분이다. 마음은 그늘진 물결처럼 출렁였고 그 물결은 어느새 침묵의 무게를 넘겨 나를 흔들어 댔다.

 "제발 핸드폰 좀 그만 봐! 손에서 놔라!"

잔소리가 길어지면 말싸움을 넘어 전쟁이 시작된다. 그 시발점은 늘 스마트폰이다.

"하루 종일 폰만 잡고 있을 거야?"

잔소리 한발이 공기를 흔든다.

"금방 껐어, 조금만"

또 한 발이 나의 기대에 상처를 내고 '팡' 스쳐 간다.

"왜 그렇게 의지가 없어 어? 그깟 핸드폰 하나 자제 못하냐? 이제 고3 시작인데!"

"단어 검색했다니까? 그리고, 문자 확인도 못 해? 꼭 공부할 때는 안 보고."

한숨이 땅끝까지 깔리면, 입이 댓 발이나 나온 아들은 짜증을 잔뜩 장착해 나의 온 신경을 뾰족한 가시로 찌른다.

"아. 진짜! 공부 안 해!"

결국, 이성을 잃은 나는 탱크처럼 아들 방으로 돌진한다. 발끝에서부터 쌓아 올린 소리가 온몸을 타고 울리듯 고함으로 아들 귀를 찌른 후 '펑'

"당장 폰 엄마한테 내놔!"

가차 없이 큰 전쟁을 만들어 버렸다.

'참을걸….'

터널 안에서 방향을 잃은 나는 오늘도 외치고, 부딪히고, 후회한다. 매번 이길 방도가 없는 싸움에 감정 낭비를 또 하고 말았다.

난폭한 마음은 결국 온 집안에 '쾅' 소리만 남기고 밤까지 내내 날카로웠다.

며칠 전, 수험생 아들에게 미안한 마음이 들어 비타민을 찾아보던 중이었다. 후기가 꽤 만족스러운 비타민이 있어 캡처해 두었는데, 핸드폰 갤러리를 누르는 순간 우리 가족의 뮤직비디오가 깜짝 선물처럼 재생되었다. 한때는 전쟁을 치르듯 멀리하고 싶었던 스마트폰. 그러나 나의 비난이 민망해지는 순간이 곧 찾아온 것이다. 말하자면 얼마 전 아들과 치렀던 전쟁에 휴전해도 좋을 만한 회복의 시간 말이다. 이 미운 스마트폰이 내게 추억의 시간을 재생시켜 주었고, 잠든 아들의 머리를 쓰다듬는 화해의 시간을 안겨 준 셈이었다.

스마트폰 속 '추억의 갤러리'는 저장된 사진들을 음악과 함께 엮어, 뮤직비디오처럼 보여주는 기능이다. 어쩌다가 고마운 짓도 하는 녀석이었다는…… 얼마나 오랫동안 놓쳐 왔던 장면들일까? 손가락 하나로 넘길 수 있는 그 짧은 영상 안에, 한때의 웃음과 애틋함이 고스란히 담겨 있었다. 내 목소리보다 먼저, 기억이 마음을 울렸다.

사진 속 풍경은 눈 덮인 새하얀 무주였다. 두 뺨은 발그스레 얼어 감각이 없어 보이는데 눈 끝과 입 끝이 이어질 정도로 웃고 있는 유치원생 아들이 스키를 처음 타는 날이었다. 아들의 눈빛엔

설렘과 기쁨이 반짝이고 있었다. '엄마, 아빠'가 세상에서 제일 소중하다고, 그 어린 눈이 말하고 있었다. 사랑스러움과 애틋함이 벅차오르는 순간이었다. 어렴풋이 그때를 떠올리는 순간, 지난주 남편과 나눴던 대화도 함께 재생되는 게 아닌가.

"영아야, 태양이 방학 언제 끝나?"

"고3이 방학이 어디 있어!"

나는 날 선 마음을 실어 쏘아붙였다. 혹시 여행을 좋아하는 남편이 '가까운 데라도 다녀올까?' 하고 생각하고 있는 건 아닐까. 그런 걱정이 앞서, 나는 단호하게 감정을 내리꽂았다.

"아니, 오빠! 고3이 얼마나 중요한데 자꾸만 뭘 쉬면서 하라는 거야? 아빠가 입시 정보도 알아보고, 딴생각 말고 집중하라는 강력한 뭐 그런 조언! 분위기를 만들어 줘야지!"

아직도 내 일침은 모자랐다.

"축구 얘기도 이제 하지 마!"

늘 머릿속에서 맴돌던 말이었다. 아들이 축구 때문에 고3의 무거운 짐을 잠시라도 내려놓을까 봐 초조한 마음이 컸다.

'방학 언제 끝나?'라는 짧은 물음에, 마치 아들 성적표에서 1등급이 보이지 않게 만든 주범이 남편인 것처럼 몰아붙였다. 내 안의 불안을 불만으로 가장해 풀어낸 셈이었다. 그렇게 드러난 속마음은 걷잡을 수 없이 부풀어 올랐다. 속상함, 낙담, 후회, 두려움,

기대, 희망들이 뒤섞인 감정 덩어리를 뚤뚤 뭉쳐 남편의 가슴에 던져버렸다.

"영아야, 진정해."

입시라는 가위에 눌려 허둥대던 나를 흔들어 깨우는 듯한 남편의 목소리에 정신이 번쩍 들었다. 멋쩍은 마음에 얼른 화제를 돌렸다.

"음…. 하하, 누가 보면 늘 1등급 받는 아들 엄마가 성적이 떨어져서 과민 반응하는 줄 알겠네. 미안 오빠! 우리 저녁에 뭐 먹을까?"

그렇게 난처한 상황에서 나는 나 자신을 주워 담듯 겨우 제자리로 돌아온 적이 있었다. 어쩌면 남편도 스마트폰이 만들어 준 갤러리의 뮤직비디오 선물을 받았던 건지 모르겠다. 예전의 여행처럼 길게는 아니어도 짧게 '다른 공기'를 느끼고 싶었는지 말이다. 그런 남편을 향해 밀가루를 뒤집어쓰게 한 것 같았다. 얼굴이 하얗게 질려 보이는데 딱 그랬다.

조바심을 내지 않으려 애쓰지만 왜 이렇게 감정이 앞서는 걸까? 마치 꽃봉오리를 억지로 펼치려다가 연약한 꽃잎을 망가뜨린 듯 조마조마한 마음으로 가득했다.

'그래 책상에서 지친 마음, 핸드폰에서 쉬어 갈 수 있지 않은가?'

'그래 돌아갈 수 없는 기억, 다시 만나고 싶어질 때가 있지 않은

가?'

기억이란, 슬그머니 옷깃을 잡아당기는 손 같았다. 바쁜 일상에 잊고 살다 가도 아주 사소한 틈에 스며들어 마음을 흔들었다. 나만 그 손을 자주 놓아버렸던 것 같아서 괜히 미안해졌다.

'고3 엄마가 된다는 것은, 다 온 걸까? 이제 시작일까? 이 터널의 끝에는 어떤 모습이 기다리고 있을까?'

그러던 어느 날, 평소와는 다르게 휴대전화 벨 소리가 반갑게 느껴지더니 전화기 너머로 따뜻한 목소리가 들려왔다.
"여보세요, 어머니"
"어머, 선생님 오랜만이에요 잘 지내시죠?"
"그럼요. 요즘 어머니는 어떻게 지내세요? 우리 얼굴 한번 봬요. 어머니께 밥을 꼭 사고 싶어요."
작년 통화에도 식사 얘기가 오고 갔지만 만나지는 못해 아쉬웠었다.
"아니 선생님. 대접은 제가 해야죠. 이번에는 꼭 만나요! 어디서 볼까요?"
반가운 대화와 따뜻한 배려는 약속 시간과 장소를 고민 없이 정할 수 있게 했다.

마침내 약속 날, 10분 먼저 도착해서 선생님을 맞이할 생각이었다. 아니, 분명 일찍 움직였는데 더 일찍 도착해서 반갑게 반겨 주시는 건 역시나 선생님. 교육자는 시간 앞에서도 늘 한발 먼저다.

"벌써 오셨어요? 하하, 애를 써도 교육자를 정말 이길 수 없네요".

오랜 시간 못 뵈었어도 어색함이 없다는 것은 얼마나 따뜻한가! 오래전 읽던 책을 다시 펼쳤을 때 자연스레 이어지는 이야기처럼 말이다.

"더 젊어지셨네요. 어머니! 태양이 어때요 잘 지내지요?"

활짝 핀 미소로 반겨 주신 선생님께, 고3 엄마가 된 지금의 무게와 걱정을 숨도 쉬지 않고 넋두리처럼 풀어 놓았다.

"저 흰머리 엄청나죠? 말도 마세요 휴…. 고3이 된 걸 저만 느끼는지 어떨 때 보면 쟤는 아직 중학생, 아주 그냥 천하태평이에요. 아침마다 5분만! 지각할 것 같은데 죽어도 비데는 꼭 하는 거 있죠!"

고개를 푹 숙여 정수리를 보이면서 사소한 것까지 한탄을 섞어 풀어냈다. 불만을 쏟아내며 웃었지만, 사실은 위로받고 싶었던 거다. 불만을 평온함으로 바꾼 예상치 못한 선생님의 분위기 전환이 내심 반가왔다. 그리고 보면, 늘 말보다는 분위기가 마음을 풀게 만든다. 눈앞에 있는 사람의 말보다, 그 사람의 숨결이 먼저 위로가 되는 법이다.

"어머니, 태양이 웃는 표정 아시죠? 남자애가 반달눈에 입꼬리도 얼마나 예쁘던지, 보고 있으면 같이 웃게 되더라고요. 그 선한 웃음을 가진 학생은 제 교사 생활에서도 드물었어요. 태양이는 분명, 이름처럼 밝게 빛날 거예요."

칭찬은 나의 무거운 어깨를 한없이 위로하며 가볍게 만들었다.

"예전처럼 빛났으면 좋겠어요. 저도 그 살인미소 다시 보고 싶거든요…. 근데, 고등학교는 차원이 다른 세계라는 것을 뼈저리게 느끼고 있어요. 생각보다 헛똑똑이인 엄마였어요. 제가."

나는 모든 게 처음이었다. 외동아들, 처음 맞이하는 입시, 그리고 처음이자 유일한 '고3 엄마'라는 이름까지. 그래서 종종, 아니 자주 미숙함을 자책했다.

'만약 내가 능숙한 엄마였다면 얼마나 평온할까?' 하고 말이다.

"예전 학부모 상담 때요. 재치 있던 어머니가 얼마나 여운이 오래 갔었는지 몰라요. 그 유쾌함에, '아 태양이의 밝음은 엄마를 닮았구나' 생각했죠."

새우튀김이 입속에서 '바삭'하고 신나게 맞장구를 쳤다. 선생님의 칭찬과 잘 어우러져 침울했던 기운이 활력을 되찾았다. 가끔 찾던 일식당이었는데, 좋은 사람과 함께하니 음식 맛부터 모든 순간까지 마음속 온기로 저장되고 있었다.

"요즘 보니까, 인 서울 굳이 안 해도 길은 너무 많아요! 오늘이 차곡차곡 쌓여 새로운 길이 만들어지니까요. 성실한 태양이는 세계 어느 곳에서 생활해도 이름처럼 따뜻할 아이예요! 예전처럼 많이 웃어주세요."

"그래야죠. 선생님 호호"

가슴속 얼어붙은 감정들이 눈처럼 부드럽게 녹아버렸다. '아들을 보며 언제 웃었더라?' 순간 날카롭게 보낸 시간이 떠올랐다. '가식' 아들이 요즘 내게 쏘아붙이는 "엄마는 가식이야!"라는 말이 머릿속을 스쳤기 때문이다. 정작 점수에 집착하면서도 남들 앞에선 아닌 척하는 내 모습을 아들은 '가식'이라 말했다. 매끄러운 어른인 척했지만, 아이는 다 알고 있었다. 점수라는 잣대에 사로잡혀 초조함을 감춘 내 표정을 기억하고 있었던 것이다. 그런 말이 나올 정도로, 아들도 오래도록 나를 지켜보고 있었던 셈이었다. 같은 공간에 있는 것만으로도 편안했던 아들과 나 사이였는데……

"예전의 웃음기가 많이 사라졌어요! 요즘은 출발선에 선 건지 골인 지점에 다 온 건지 분간도 안 가요. 닦달만 하고 있어요."

"아. 그렇죠? 이 기간이 그래요. 사람의 웃음까지 뺏어가요. 고3 엄마 저도 해봐서 잘 알죠!"

"어디쯤인지도 모르는 곳에서 서로 다툼과 원망으로……"

떨리는 나의 목소리를 살피시더니 눈물 꼭지를 꽉 잠가버리는 듯 한 번 더 크게 웃으셨다.

"하하하! 아, 진짜! 저도 같았어요. 그 기분을 느끼고 있다니 너무 잘 지내는 거예요. 곧 지나가요. 길은 정해진 것이 아니라 걸어가면서 새롭게 그려가는 것 같아요. 어떤 길로 걸어가는지 잘 지켜봐 주기로 해요. 우리, 응원의 눈길만으로도 태양이의 고3 시간은 에너지 넘칠 거예요."

누군가에게는 다른 눈길로 비쳤을지 모르는 나의 예전과, 부족한 지금의 모습까지 좋게 봐주신 선생님의 시선이 유일한 정답인 양 억지로라도 신뢰하고 싶어졌다.

"빛날 거예요"

이 한마디에 고3 엄마는 버틸 힘을 얻었다. '그래, 행복하게 빛나보자! 함께.'

대화는 근처 카페에서도 기분 좋게 이어졌고, 따뜻한 카페라테 잔을 양손으로 감싸며 들려주신 선생님의 이야기는 의미가 크게 다가왔다. 대학은 선택의 문일 뿐, 답안지의 끝이 아니다. 입시보다 중요한 건, 변화에 유연한 태도와 나를 계속 업데이트하는 힘. 요즘 대학은 전공을 나중에 바꿀 수도 있고, 복수 전공이나 전과, 자율 설계 전공도 가능하다. 중요한 건, 지금 나의 감정과 가능성을 낭비하지 않는 것이다. 성적보다 내 관심을 중심에 둘 수 있다면, 그게 곧 미래의 나침판이 될 것이다.

학생 수가 급격하게 줄어들어 생기는 교육의 변화, 한 직업만 유지하던 시대는 지나가고 어떤 직업이든 결국, 적응하는 힘이 중요하게 된다는 직업의 변화, 삶의 변화들.

"이제는 지식의 양도 중요하지만, 생존의 유연성이 더 중요한 시대예요. 변화는 외부에서 오는 게 아니라, 내부에서 길을 찾는 훈련이 되어야 해요."

줄어드는 출생률, AI와 자동화로 재편되는 산업구조, 전문가들은 이제 '지식형 인간'이 아니라 '적응형 인간'이 미래를 이끈다고 말한다. 지식은 금세 낡고, 기술은 빠르게 진화하지만, '적응력'은 모든 변화의 파도를 스스로 견디는 내면의 힘이다. 불확실성과 고통 속에서도 방향을 찾는 능력이 가장 중요한 시대.

넓은 시야와 단단한 마음을 가진 아들 태양이길 바라는 마음이 커진 것을 보니 교육자는 단순히 지식만을 전달하는 사람이 아니었다. 역시 가르침을 얻게 하는 사람이다. 진정한 가르침이란 대신 질문을 던지고 스스로 답을 찾게 하는 등대와 같았다.

"갇힌 부모가 되지 않을게요. 선생님, 고3도 잘 보낼 거예요. 다음에 또 만나요!"

선생님과의 만남은 한겨울 메마른 내 마음 틈새 사이로 봄기운이 스며들게 했다. 이 포근한 마음은 내게 분명 어제와는 다른 쿠

선이 되어 줄 듯했다. 아니나 다를까. 집으로 돌아오는 길, 갑자기 끼어든 차에도 미간에 주름을 세우기보다는, 나의 브레이크 순발력을 은근히 자랑하며 스스로를 칭찬하는 여유를 부릴 수 있었다. 그렇게 찾아온 '넉넉한 마음'은, 입시라는 불안의 웅덩이에 갇혀 집착만이 전부였던 나에게 조용히 말을 걸어왔다.

'그래, 편안하게 여유를 갖자, 고3 엄마! 애써 앞서가려 하지 말고, 곁에서 함께 걸어가면 돼. 어제와는 다르게'

햇살에 눈을 가늘게 뜨고 걸어오던 아들의 그림자가 마음에 남아 먹먹하게 아파왔다. 왜 이제야 그 지친 모습을 보게 되었을까. 나름대로 버텨내고 있는 아들의 마음에 함부로 끼어들지 말고, 엄마의 여유로 조용히 다독여 주자. 어쩌면 지금 내가 해야 할 일은, 그저 곁에서 말없이 기다려 주는 것인지도 모른다.

나는 아이가 다시 힘을 내어 앞으로 나아갈 수 있는 단단한 마음을 갖기를 바란다. 물론, 쉬운 일은 아닐 것이다. 모의고사 성적표 앞에서 불안이 밀려오고, 수능 날이 가까워질수록 애가 탈 때도 있을 것이다. 그렇더라도 오늘 새겨진, 어제와는 '다른 마음'이 모진 바람을 견뎌내고, 마침내 꽃을 피워 자태를 드러내는 순간이 올 것이라 믿는다.

어둠이 있어야 빛이 분명해지듯, 혼란이 있어야 평화가 얼마나 귀한지 알 수 있다. 이 시절의 터널 또한, 언젠가 우리의 이야기 속에 따뜻한 빛으로 남게 될 것이다.

'인간은 꽃처럼 늘 새롭게 피어날 수 있다'는 마음으로, 아들과 함께 꽃길을 향해 나아가려 한다. 어둡기만 했던 터널이 아들의 좌표가 되고, 역경을 이겨낸 힘으로 지혜를 얻길 바란다. 어디서든 아들이 꿈을 잃지 않도록, 엄마는 아들의 길을 묵묵히 응원할 것이다. 지금 이 길도 참 잘 걸어왔다고, 언젠가 우리는 고3 시절의 힘겨웠던 순간들마저도 웃으며 따뜻하게 안아줄 수 있을 것이다.

혹시 어제의 나처럼, 어두운 터널 안에서 두려움에 잠겨 있을지 모를 고3 학생과 학부모님께 조심스레 말을 건넨다.

"그 끝은 밝은 빛이다."

우리는 이미 수많은 불확실을 통과했고, 눈물 많은 계절을 살아냈다. 그리고 이 시간, 또 한 걸음 성장하고 있다. 터널은 절대로 끝나지 않는 밤이 아니다. 그저 환한 날을 잠시 미루고 있을 뿐이다. '고3'이라는 두 글자에는 수많은 무게가 실려있다. 이름에 담긴 무거운 기대와 불안, 그 압박의 정체는 어쩌면 우리를 더 깊이 사랑하게 하려는 시간인지도 모른다. 빛은 늘 어둠을 통과한 자의 것임을, 기다림의 시간을 살아낸 마음만이 그 감동을 품을 수 있음을 이제 조금은 알 것 같다. 그래서 이 글을 읽는 누군가에게 나의 소소한 이야기가 작은 숨구멍이 되기를 바란다.

반드시 피어난다.
지금은 그리 보이지 않더라도.

그때의 섬, 그때의 나, 그 모든 순간의 그리움

산도

초등학교 3학년. 국민학교에서 초등학교로 이름이 바뀌던 해였다. 학교에서는 급식이 시작됐고 간식으로 우유가 나왔다. 육지에 나가야만 맛볼 수 있었던 하얀 생우유. 집에서 아버지가 타 주시던 가루우유와는 때깔부터 달랐다.

학교에서 나오는 서울우유는 유난히 특별하게 느껴졌다. 초록색과 하얀색이 어우러진 네모난 우유 팩. 매끈하게 코팅된 팩을 왼손으로 꼭 쥐고 오른손 엄지와 검지로 야무지게 눌러 조심스럽게 입구를 열었다. 세모 모양 입구 사이로 보이는 뽀얀 우유는 얼핏 보면 노르스름했다. 거스러진 종이에 입술을 대는 순간, 마르고 텁텁했던 입안에 고소하고 포근한 맛이 일몰처럼 천천히 번졌다.

뽀얀 우유를 두세 모금 넘기고 나면 이상하게도 어머니 생각이 났다. 우유 한 모금은 과거의 기억을 열어주는 황금빛 열쇠 같았다. 고소하고 부드러운 그 맛 속에는, 굴을 까며 생계를 이어가던 어머니의 고단한 시간과 노동이 쓸쓸하게 녹아, 서러운 노을빛을 머금고 있었다.

진주를 품은 조개처럼, 어머니는 거친 파도를 묵묵히 견디며 사랑 하나로 우리를 품고 길러내셨다. 그래서였을까. 우유 한 모금에는 어머니의 헌신과 내 어린 날의 그리움, 그리고 지워지지 않는 추억들이 고스란히 담겨 있다.

햇살 좋던 어느 날, 마루에 나란히 앉아 어머니가 내 손톱을 다듬어 주시던 기억이 떠오른다.

"엄마는 손톱 안 깎나?"

"일을 마이 해서 그런가 손톱이 안 자란다 아이가~"

무심코 어머니의 손을 잡아 보았다. 손끝엔 칼에 찔리고 굴 껍데기에 베인 자국들이 가득했다. 바닷물에 불어 살이 차오르지 못한 손등엔 여러 겹의 껍질이 앉아 있었고, 빨갛다 못해 보랏빛이 된 상처들이 여기저기 퍼져 있었다.

한때 우유처럼 부드럽고 하얗던 어머니의 손은 굴 껍데기처럼 단단해져 있었다. 마디는 뭉글하게 굵어졌고 깊게 찔린 상처는 딱딱하게 굳어 날카롭게 솟아올랐다. 어머니는 손끝으로 삶을 버텼고 그 손엔 바다 냄새가 났다. 손을 꼭 쥐었을 때의 아린 감촉, 텁텁하고 짠한 마음이 지금도 선명하다.

육 남매 중 둘째였던 어머니는 어릴 적부터 '맏이 같은 둘째'로 살아야 했다. 시장에서 장사하시느라 늘 바쁘셨던 외할머니를 대신해 어머니는 첫째 오빠부터 막내 여동생까지 챙기며 집안일을 도맡았다. 학교도 다니지 못하고 형제들 도시락을 싸며 어린 시절을 보냈다고 한다.

결혼할 생각은 없던 분이었고, 선 자리에 나가서도 고개를 절레절레 흔드셨다. 그런 어머니가 결국 아버지와 결혼까지 하신 걸 보면, 아버지의 잘생긴 외모에 마음을 빼앗기신 게 아닐까 싶다. 어머니는 지금도 나를 볼 때마다 "너는 아버지를 닮아서 잘생기고 예쁘다"며 환하게 웃으신다. 그 말속엔 아버지를 향한 은근한 자부심이 배어 있다. 듣고 있으면, 괜히 나까지 미소 짓게 되는 어머니의 따뜻한 사랑의 숨결. 그 사랑은 밀물처럼 조용히 다가와, 나의 마음 밭을 가꾸어 주었고, 나를 바다처럼 넉넉하게 키워주었다.

아버지는 보드라운 바다 사나이였다. 큰 배를 타고 거친 바다에 나가 목숨을 걸고 며칠씩 물고기를 잡아 오셨다. 바다 위에서 수일을 지낸다는 건 말처럼 쉬운 일이 아니다. 웬만한 배짱과 심장으론 하루도 버티기 힘들었다. 총각 시절부터 바다를 삶의 터전 삼아 살아온 아버지는 손도 몸도 거칠었다. 그러나 외모만큼은 전혀 거칠지 않았다. 진한 눈썹에 쌍꺼풀진 눈, 오뚝한 코, 작은 얼굴에 큰 키까지. 어디 내놔도 빠지지 않을 잘생긴 총각이었다.

성격도 야무지셨다. 돈도 알뜰하게 모으시고 집도 땅도 가지고 계신 준비된 남자. 게다가 음식 솜씨까지 좋으셨다. 회를 치는 손

놀림은 보고만 있어도 괜히 마음을 놓고 멍하니 빠져들게 했고 어디든 어울리는 비법 양념장은 마법처럼 사람들의 입맛을 사로잡았다. 비 오는 날이면 칼칼한 칼국수를 정성껏 끓여 아내의 속을 데워주던, 마음까지 따뜻한 낭만을 아는 남자였다. 어머니를 만나 결혼하게 된 것도, 알고 보면 순정과 기사도 정신의 결정체였다. 외모만 멋진 게 아니라, 마음도 깊고 따뜻한 분이셨다.

두 분은 중매로 만났다. 아버지는 집안일만 하던 어머니의 상황을 알고 행복하게 해주고 싶었다. 몇 번이고 어머니 집 앞을 찾아가 기다리며 '손에 물 한 방울 안 묻히고 행복하게 살게 해주겠다'고 다짐했다. 그렇게 두 분은 결혼식을 올리고 제주도 신혼여행까지 다녀왔다.

'아내가 귀엽다면 처갓집 말뚝 보고도 절한다'는 속담처럼 아버지는 경제적으로 힘든 외삼촌에게 삼백만 원을 빌려주기도 하셨다. 아버지의 그런 마음 씀씀이 덕분에 어머니는 점차 마음을 열었다. 시내에서 살던 어머니는 섬으로 시집을 왔다. 시내에 사는 처녀가 섬으로 시집오는 것은 말 그대로 사서 고생하는 일이었다. 어머니는 아버지의 끈질긴 사랑 고백에 마음을 열고, 이 남자와 함께라면 가정을 이루며 잘 살아갈 수 있을 거라는 기대를 안고 섬으로 들어왔다.

요즘은 남녀 차별 없이 여자가 살기 좋은 시대지만, 70년 당시

만 해도 대를 이을 아들은 꼭 필요했다. 특히 바닷가 사람들은 아들을 더욱 선호했다. 바다를 터전으로 살아야 하다 보니 아들은 단순한 자식이 아니라 삶을 이어가는 재산이자 죽어서도 제사를 지내며 부모를 기억해 주는 중요한 존재였다.

섬 살이는 고달팠다. 종갓집 장손인 아버지를 만나 아들을 못 낳았다는 이유로 어머니는 구박을 받았다. 더 힘든 것은 섬에서 제사를 지내는 일이었다. 제사를 위한 음식을 장만하려면 배를 타고 육지로 나가야 했고 시부모님은 안 계셨지만 섬에는 아버지의 친척 집이 다섯 집이나 있었다. 제사는 반드시 밤 열두 시에 지내야 했고 제사를 마친 후 음식을 이고 나눠 먹는 일은 여간 고된 일이 아니었다. 섬 할머니들의 시집살이를 견디며, 어머니는 오직 아버지를 믿고 묵묵히 버텨내셨다.

섬에는 젊은 새댁이 드물었다. 젊다는 이유만으로 마을의 크고 작은 일마다 불려 나가 도와야 했고, 정성을 다했지만 돌아오는 말은 늘 "아들 하나 없네" 하는 한마디였다. 둘째 언니의 이름은 김은자. 집에서는 늘 '김은희'로 불렸는데, 초등학교에 입학하며 호적에 적힌 본래 이름을 처음 알게 되었다.

'은자(恩子)'라는 이름으로 호적에 올렸을 정도라면, 아들을 가장 원했던 사람은 어머니였을지도 모른다. 셋째도 딸이었다. 바로 나다. 순정남 아버지는 종갓집에서 아들 하나 없다는 구박과 해마다 반복되는 제사에 지친 어머니를 지켜보는 일이 몹시 힘들었던 모양이다. 결국, 아버지는 장손의 자리와 재산을 내려놓고 가족을 데리고 교회로 향했다. 딸 셋을 낳고도 우리는 잘 살았다. 집안에는 텔레비전, 세탁기, 냉장고, 전축, 심지어 노래방 기계까지 없는 게 없었다. 어릴 적 가족을 찍어주던 사진기는 아직도 남아 있다.

한 달에 한두 번씩 여객선을 타고 우리 가족은 육지로 나와 목욕탕에 가고, 먹을 것을 잔뜩 사서 다시 섬으로 돌아가곤 했다. 자동차가 다니고 놀거리도 많고 사람들로 북적이는 육지에서 살고 싶다는 생각이 들 때도 있었다. 그런데 막상 섬으로 돌아갈 때면 그런 갈망은 스르르 사라지곤 했다. 섬은 많은 것을 가지지 않아도 마음이 넉넉해지는 곳이었다. 동쪽에 자리한 동좌 마을은 아침 햇살이 포근히 내려앉아 하루를 잔잔하게 시작하는 곳이었다. 섬에서는 물질이 부족해도, 마음만큼은 늘 여유롭고 풍성하게 느껴졌다.

어머니를 따뜻하게 감싸주는 아버지의 사랑 덕분에 우리는 늘 하나로 이어져 있었고, 그 사랑은 우리 가족을 지켜주는 든든한 힘이 되었다.

그러던 어느 날 술을 마신 선원의 실수로 아버지가 자고 있던 배에서 불이 났다. 온몸에 화상을 입은 아버지는 대학병원에서 2년, 그리고 통영으로 내려와 몇 개월을 병원에 누워만 있었다. 그때는 병원에서 직접 밥을 해서 먹어야 했다. 연탄불에 소박하게 꾸며놓은 곳에서 어머니는 아버지의 식사를 차리셨다. 너무 어릴 적이라 어렴풋이 기억난다. 아버지는 미음을 드셨고, 어머니는 어린 나를 위해 종종 요리를 하셨다. 길고 힘든 병원 생활이었지만, 어머니의 음식 솜씨는 나에게 큰 자랑거리였다. 제철에 나는 나물 무침과 통영에서 가져온 김치, 그리고 해산물이 듬뿍 들어간 콩나물국은 어떤 조미료로도 흉내 낼 수 없는 깊은 바다의 맛이었다. 음식을 맛본 이들은 하나같이 칭찬을 아끼지 않았고, 어머니 반찬을 먹어본 사람들은 나에게 이것저것 간식도 챙겨주었다. 아는 이 하나 없는 부산과 진주의 병원에서, 어린아이를 데리고 어머니는 온 마음을 다해 버텨내셨다. 그것은 어머니가 살아남기 위해 선택한 혜안이자, 가족을 향한 깊고 따뜻한 사랑의 무게였다.

그 이후 우리 집은 망했다.

아버지의 온몸엔 상처가 남고 마음엔 두려움이 자리 잡았다. 술을 드시기 시작했고 술에 취해 마을 사람들과 싸우기도 했으며 화가 나면 주전자를 던지기도 하셨다. 화상 자국이 남은 피부는 예전과 달리 많이 아프고 고달팠다. 그럴 때마다 어머니는 언제나 아버지를 치료하고 안아주며 기다려 주셨다. 아버지는 어머니의 사랑 덕분에 조금씩 달라지기 시작했다. 아버지는 어머니의 말을 잘 들어 주었고 어린 자식들 앞에선 부부싸움을 한 번도 하지 않으셨다. 하지만 아버지 마음 깊숙한 곳에는 선박 화재의 상처가 지워지지 않았던 모양이다. 쓰라린 상처를 안은 채, 아버지는 끝없이 이어지는 술잔 속 바다를 떠돌았다.

시내에서 살던 어머니의 유일한 잔소리는 바다가 위험하니 절대 혼자 가지 말라는 것이었다. 그 말의 진심을 나는 훗날에야 이해할 수 있었다. 어른들은 생계를 위해 어쩔 수 없이 일터로 나가야 했고, 아이들을 집에 남겨둘 수밖에 없었다. 섬사람들은 배를 타고 바다로 나가거나 밭일을 했지만, 바다는 언제나 예기치 못한 사고를 안고 있었기에 부모들은 아이들을 집 안에 가두고 일을 하러 갔다. 섬에 사는 사람들의 최선이자 마지막 수단이었다.

마을에서 '바보'라 불리던 아이 역시 그렇게 방 안에 홀로 남겨졌다가, 결국은 사고로 머리를 다쳤다는 사실을 나는 나중에서야 들었다. 어머니는 우리를 가두어 키우지 않으셨고, 늘 곁에서 지켜주려 애쓰셨다. 어린 시절 혼자 바다에 가지 말라는 어머니의 잔소리가, 사실은 우리를 향한 깊은 사랑과 걱정에서 비롯된 것임을 알게 되었다.

내가 초등학교에 입학한 후, 어머니는 생계를 위해 일터로 나가셨다. 한 번도 해본 적 없는 박신장 여공이 되셨다. 사랑하는 자식들을 섬에 두고, 어머니는 굴 까는 칼과 앞치마를 대야에 담아 들고 굴 공장으로 향하셨다. 굴을 까는 공장은 배를 타고 육지로 가야 했는데, '만물차'라 불리는 모든 것을 파는 트럭이 어머니를 기다렸다. 어머니는 우리를 위해 트럭에서 계란과 어묵, 햄 등 섬에서는 구하기 힘든 식재료를 사서 아침마다 반찬을 만들고, 도시락을 싸고, 밥상을 차려놓고 일터로 향하셨다.

귀찮아서 아침밥을 거르는 사람이 많지만, 나는 어릴 적 어머니가 만들어 주신 이 습관 덕분에 꾸준히 아침을 챙겨 먹고 있다. 어머니의 사랑은 대를 이어 나에게도 전해졌고, 나는 그 사랑을 딸에게 고스란히 전하며 작은 습관 하나까지 닮아가고 있다.

하루 종일 서서 일하는 굴 공장은 힘듦이 말로는 다 표현하지 못할 정도로 고된 곳이었다. 화장실도 제때 가지 못하고 쉬지도 않고 굴만 까야 했다. 하루 종일 작업한 굴이 자신의 일당이었기에, 어머니는 약을 먹어가며 버텼다. 공장에서 간식으로 빵이 나왔다. 그렇게 힘든 곳에서 하루 종일 굴을 까고 나면, 빵 하나가 힘을 주었을 텐데 어머니는 빵을 한 입도 드시지 않고 늘 우리에게 가져오셨다.

어머니가 건네신 달콤하고 폭신한 빵을 언니와 나눌 때마다, 고소한 향기와 부드러운 식감이 입안 가득 퍼지며 마음까지 따뜻해졌다. 은은한 단맛은 마치 어머니의 마음이 고스란히 녹아든 듯했다. 작은 빵 조각 하나에는 무한한 어머니의 사랑이 담겨 있었고, 우리 자매는 그 순간들을 따뜻한 추억으로 삼아 무럭무럭 자랐다.

빵을 먹을 때면 학교에서 마셨던 부드럽고 꼬신 우유가 떠올랐다. 맛있는 우유를 어머니께 드리고 싶었지만, 나는 참지 못하고 늘 혼자 다 마셔버리곤 했다. 젊은 나이에 자식을 위해 굴을 까러 나가야 했던 어머니를 생각하면 마음이 짠했다. 강한 책임감과 깊은 사랑으로 나를 키워주신 어머니께 뭐라도 해드리고 싶었던 그 미안한 마음이, 어쩌면 우유 한 모금에 스며들었는지도 모른다. 그래서인지 지금도 우유를 마실 때면 어머니 생각이 나고, 마음 한편이 아리고 텁텁하다.

나는 한산도 섬사람이다. 배가 없이는 육지에 나올 수 없는 섬사람. 그뿐인가 바람이 불면 어디도 가지 못했다. 꼼짝없이 집에 있어야 하는 곳이었다. 그러나 신기하게도 한 번도 갑갑하다는 생각을 하지 못했다. 바다면 바다, 산이면 산. 자연에서 주는 선물이 가득했기 때문이다. 그중 바다가 주는 선물은 무궁무진했다. 밀물 때면 갯가에 나가 바다 생물을 잡으며 놀았다. 궁전 지붕처럼 생긴 소라, 흐물흐물하지만 바다의 산삼이라 불리는 해삼, 된장찌개에 찰떡궁합인 벌떡게까지 손에 잡히는 것마다 신기하고 재미있었다. 썰물 때는 고동을 미끼 삼아 낚시도 했다. 봄이면 가자미와

도다리, 여름엔 숭어와 돔, 가을밤이면 장어 낚시. 계절 따라 달라지는 어종 덕분에 낚시의 손맛은 늘 새롭고 짜릿했다. 그 감촉은 지금도 선명하다. 바다로, 산으로, 들로 종일 뛰놀던 어린 시절의 추억 덕분일까. 섬에 가면 마음이 저절로 편안해진다.

그때의 섬, 그때의 나, 그 모든 순간이 불쑥불쑥 그리워진다. 아무나 가질 수 없는 어린 시절의 향수. 나는 강하고 현명한 어머니에게서 최고의 선물을 받았다. 삶이 힘들고 고단할 때면 늘 어린 시절을 떠올린다. 섬과 어머니는 나를 단단하게 만들어 주었고, 부드러운 마음을 지켜주는 나만의 안식처였다. 사춘기 시절, 섬에 산다는 것이 부끄러울 때도 있었지만, 큰 방황 없이 자라올 수 있었던 건 온전히 어머니 덕분이었다. 어머니는 늘 뒤에서 묵묵히 지켜봐 주는 존재였고, 바다와 섬은 언제나 나를 응원해 주는 신과도 같았다. 크고 힘찬 응원도, 거센 채찍질도 없었지만, 그 존재만으로도 충분히 든든하고 따뜻했다.

올해로 일흔넷, 어머니는 지금 노치원에 다니신다. 처음에는 안 가시겠다며 완강히 거부하시더니, 이제는 묵묵히 다니신다. 배우는 것도, 사람들과 어울리는 것도 즐기시는 편은 아니지만, 집에만 계실 때보다 마음이 한결 편안해 보이신다. 이제는 오롯이 어머니 자신만을 위한 시간을 보내셨으면 좋겠다. 젊은 날의 고생과 삶의 무거운 짐은 내려놓고, 남은 날들은 어머니만의 방식으로 가볍고 자유롭게 살아가시길 바란다.

어머니의 삶도, 나의 삶도 서로 각자의 길을 잘 걸어가면 좋겠다. 어머니는 마치 바다의 굴처럼, 단단한 껍데기 속에 부드러운 속살을 감추고 계셨다. 그 속살처럼 어머니의 사랑은 언제나 따뜻하고 부드럽다. 생굴처럼 신선하고 순수한 사랑으로 우리를 지켜주신 어머니. 이제는 그 단단함과 따스함을 어머니 스스로도 온전히 누리며, 마음껏 자유롭게 살아가시기를 기도한다.

우유 한 모금을 넘기고 나면, 텁텁했던 마음마저도 부드럽게 가라앉는다. 이 글을 쓰는 동안 마음속에 쌓였던 부담과 불편함이 스르르 풀려나갔다.

지금 이 순간, 어머니의 삶과 나의 삶이 맞닿아 있음을 느낄 수 있다. 오래도록 눌려 있던 마음의 무게가 조금은 가벼워지고, 숨결처럼 잔잔한 위로가 가슴 깊이 번져온다. 어머니의 사랑을 떠올릴 때마다, 자유롭고 가벼운 마음으로 나만의 길을 걸어갈 용기를 얻게 된다. 서로를 이해하고, 각자의 삶을 온전히 살아내는 것—그것이야말로 결국 우리 모두에게 가장 큰 위로가 된다는 걸, 나는 이제야 알 것 같다.

그때의 섬, 그때의 나, 그 모든 순간이 우리를 조용히 품고 있었다. 따뜻하고 깊은, 어머니의 사랑으로.

나비가 되어라

Papiliōnes

민(旼)

누가 나전칠기의 고장 아니랄까 봐, 자개 조각처럼 작고 아기자기하게 붙은 섬이며 알록달록 꽃잎 같은 동네는 언제 보아도 한 폭의 그림 같다. 사철 봄 같은 통영은 남해를 마당처럼 펼치고 있는 바다의 도시이다. 청옥 빛 병풍을 펼쳐 올린 듯 바다 위에 서 있는 섬들은 삼도 수군이 정렬한 모습처럼 수려하기까지 하다. 역사적인 '군항 도시'이며 수많은 예술가가 발자취를 남긴 '예향의 도시'라고 불리지만, 지리적 특성상 교육에서는 다소 소외된 작은 어촌 중 하나일 뿐이다. 자연과 어우러진 예술적 풍류만 아이들에게 가르칠 수는 없는 노릇이기에, 나는 애벌레 두 마리와 함께 인생을 공부해 나가고 있다. 도시 사람들도 울고 갈 천혜 자연 속에서.

아름다운 바다 마을에 겨울이 오면 동백이 붉게 피어나고 여름이 되면 바다 빛이 하늘보다 더 파래진다. 매일 보고 살아왔어도 아쉬운 건 없다. 그래도 굳이 하나를 꼽자면 '교육'이다. 아이 둘을 낳아 산과 바다를 동네 삼아 부족함 없이 키웠다. 하지만 예술과 자연에 도취하여 느긋하게 지내다가 아이들 입시 생각이 들 때면, 문득 이 결핍이 아쉽고 퍽 서글퍼진다. 바닷사람답게 누군가는 그것도 운명이라 여길지도 모르겠다. 타고 난대로 살아간다는 식 말이다. 하지만 나는 아이들을 운명이라는 굴레에 가둬 키우고 싶지 않았다.

너희들은 어떤 나비가 될까. 통영에서 자랐으니 자개 빛깔 나비가 되려나. 바다를 닮은 물빛 나비가 되려나. 아니면 푸른 하늘을 날아다니는 자유로운 나비가 되려나. 나는 그저 궁금할 뿐이다. 환경은 무시하고 치열하게 거슬러 올라가 용이 되라는 욕심은 없다. 교육의 기회를 그저 동등하게 주고 싶다는 어미의 봄바람 같은 바람(wish)이 있을 뿐. 아이들의 미래를 위해 터전을 바꾸는 것은 감히 생각해 보지도 않았다. 시기가 되면 학교를 따라 이사하는 주변 지인들이 하나둘 보이니 나도 그렇게 아이들을 수도권으로 데려가서 가르쳐야 한다고 주변에서 오히려 성화였다. 하지만 환경이 바뀐다고 아이들의 열의가 급부상하리라는 보장은 없다. 공부는 환경보다 의지가 더 중요하다.

오전 6시, 미라클 모닝을 실천하기 위해 아이들은 정해진 시간에 맞춰 하루를 시작한다. 루틴은 진주알처럼 따라온다. 한 알씩 줄에 꿴다고 생각하며 성실하게 실행해 나간다. '으악 늦었어! 오늘 늦으면 안 된다고!' 고요한 전쟁이 일어나기도 한다. 시간 전쟁. 분초를 다투는 치열함을 온몸으로 느끼며 아침은 지나간다. 시간에 쫓기듯 불편함을 겪어보고서야 아이들은 각자 짜 놓은 루틴을 스스로 해내기 시작했다. 얼렁뚱땅 넘어가기도 했지만 분명 잃어버리는 것이 생겼다. 불편함은 꼭 필요하다. 불편하면 포기하거나 다른 방법을 모색하기 때문이다. 결국 루틴은 더 강력해진다. 아이들은 아직 미숙하기에 종종 뻔한 일을 앞에 두고도 꼬물거린다. 당연하게도 다음에 올 불편함이 보이지만, 입을 꾹 닫고 지켜만 본다. 속에서 천불이 나는 광경이다. 스스로 느끼고 깨달을 때까지 다시 해보게 한다. 준비물을 챙겨가지 않아 뛰어와서 챙겨가는 녀석들을 보며 태연한 척하기란 보통 힘든 일이 아니다. '선생님께 지적이라도 받고 덤벙거리는 아이로 찍히면 어쩌지?', '다른 아이들과 비교당하거나 주눅이라도 들면 어쩌지?' 엄마의 염려는 끝나지 않을 드라마 같다. 하지만 나는 바다처럼 기다린다.

애벌레들이 학습하는 동안 나는 독서나 글쓰기를 한다. 내가 지키는 모닝 루틴이다. 맹목적으로 아이들을 위해 나는 내 시간을 할애하지 않는다. 아이가 스스로 하듯, 나도 스스로 할 뿐이다. 아침 식사는 반드시 가족이 함께하며 가벼운 이야기로 긴장을 풀어준다. 학교생활 중 주의할 부분을 당부하거나 방과 후 일정을 서로 브리핑하기도 한다. 아이들이 등교한 뒤 집 안 청소를 하고 이후 일정은 세부적으로 나뉜다. 요일마다 다르고 갑자기 생기는 일정이 있어도 큰 틀은 흔들리지 않는다. 아이들은 부모님이 시간을 어떻게 관리하는지 보고 따라 한다. 시간 관리 능력을 배우는 것이다. 보통 엄마들은 돈을 아껴 쓰라고 하는데, 나는 시간을 함부로 쓰지 말라고 당부한다. 시간은 돈보다 상위의 가치라고 생각하기 때문이다.

'시간에 쫓기지 말고, 부리는 사람이 되어라.'

우리 집 애벌레 두 마리는 나날이 성장하고 있다. 고치 속에서 꿈을 꾸고 규칙을 배우며 점점 오색 찬란한 성충으로 자라고 있다. 스스로 날아오를 꿈같은 시간을 기다리는 것이다. 달콤한 꿀이 모인 꽃밭도 찾아야 하고 거친 환경에서 강하게 버틸 힘도 길러야 한다. 학습은 자연스럽게 터득하는 것뿐만 아니라 스스로 노력해서 얻어야 하는 것도 있다. 도시와 시골은 공부하는 환경이 서로 다르지만, 고등 교육의 목표인 입시는 전국 모든 아이에게 공평한 시험의 기회를 준다. 아이들 인생의 첫 관문이 되는 것이다. 하지만 입시 준비는 불평등하다. 미리 보고 준비한 자는 다르지 않겠는가. 노젓기대회나 한려수도 백일장 같은 문화 행사는 알아도 입시를 위한 다양한 정보는 어둑한 것이 이곳의 실정이다. 그러나 버텨야 한다. 환경의 차이를 극복하고 통영에서 버티는 것이 애벌레들의 목표이다.

올해 애벌레 1호는 입시가 본격적으로 시작되는 중학생이 되었다. 눈을 떠 보니 이만큼 자라 있었다. 아이에게 남은 시간이 줄어들고 있으니, 이제 정말 중요한 것은 계획이 될 것이다.

의지가 약하다면 시스템(계획)을 강력하게 만들면 된다.

당연히 계획은 아이가 스스로 짜야 한다. 아이들이 지켜 온 루틴이 어떤 계획이 필요하고 어떤 부분을 수정해야 하는지 알려줄 것이다. '엄마, 나는 커서 뭘 해야 하지?' 아이의 소박한 꿈은 어릴 적부터 자주 바뀌었기 때문에 진지하게 들어 주지 못했다. 아이는 큰 고민 없이 꿈을 많이도 바꿔 왔지만 진지하게 장래를 걱정하는 시기가 되니 초조해지나 보다. '네가 정하고 노력해야지.' 나의 대답은 아이를 더욱 혼란스럽게 만들었다. 막중한 책임감과 결정장애가 밀려온 것이다. 나는 짐짓 대화를 가볍게 이끌었다. '선택과 집중! 네가 정말 좋아하는 건 취미. 잘하는 건 직업으로! 선택하고 집중해' 나는 그냥 일반적인 답을 던졌다. 대신 생각해 주고, 결정해 주는 것은 이제 위험하다. 아이가 생각할 수 있는 나이가 되었다면, 내 의견은 서서히 사라져야 한다. 이제 아이가 생각하며 판단을 신중히 내리길 바라야 한다. 잘하는 것을 아직 찾지 못했다면 공부를 왜 계속해야 하는지 답을 얻을 것이다.

'알을 깨고 나오려고 투쟁해야 다음 세계로 나아갈 수 있다.'

『데미안』 속 내가 좋아하는 구절이다. 아이들은 10대의 끝자락을 성적과 생활기록부로 증명해야만, 다음 단계인 대학으로 넘어갈 수 있다. 입시 준비는 어쩌면 알을 깨는 투쟁일지도 모른다는 생각이 들었다. 기본 육 년의 입시 준비기간. 백 세 시대에 아이들이 공부에 바치는 십여 년의 가까운 시간은 사실 그렇게 길지 않다. 이러한 이치를 일찍 깨닫고 꾸준히 준비한다면, 아이들은 당당히 알을 깨고 나와 멋진 나비가 되어 날아오를 것이다.

하지만 아이들은 그렇게 단단하지 못하다. 스스로 의지를 다지고 유혹을 물리치기에 힘에 부치는 것이다. 버티는 힘이 필요하다. 몇 번이고 다시 해보는 근성과 회복 탄력성이 알을 깨고 나올 힘이 될 것이다. 나는 기본 쉰 번에서 여든 번 정도 같은 글을 끊임없이 읽고 고친다. 아이는 내가 하는 퇴고 작업을 끔찍하게 어렵다고 생각하지만 실제로 나는 그렇게 힘들지 않다. 그리고 같은 행동을 여러 번 하는 이유와 결과에 관해 설명해 주었다. 시작은 서툴지만, 한번이 두 번이 되고 열 번이 되고 쉰 번이 되는 순간, 나는 나를 이긴 것이라고. 여러 회차를 거듭할수록 나는 예전의 나를 허물처럼 벗어 버리고 날아오를 준비를 한다고. 버팀은 결국 나에게 더 나음을 선물하는 것이다. '오늘도 잘 버텼어. 난 네가 이렇게 잘 버틸 줄 알았다.' 그래서 나는 좋은 결과보다는 아이의 버팀을 칭찬한다. 버팀으로 더 나아지고 있다는 것을 아이는 스스로 알아차리지 못해도 결국 증명하게 될 것이다. 근성이 강하게 자리 잡히면 결과는 얼마든지 뒤집을 수 있다. 그리고 어차피 해야 하는 것이라면 '하기 싫어도 해라, 감정은 사라지지만 결과는 남는다' 라고 말해 준다. 감정의 노예로 살지 말고, 이성을 머리 위에 얹고 생각하는 대로 살아가라는 말이다. 인생은 감성팔이가 아니다. 사는 대로 생각해서는 안 된다.

휴대전화를 네 번씩이나 바꿔주며 한때 아이들에게 '위험한 자유'를 준 적이 있다. 물론 지금은 내 손으로 다 걷어갔지만 말이다.

'스마트폰과 그 밖의 디지털 기기는 아동과 청소년에게 흥미로운 경험을 너무나도 많이 제공해 심각한 문제를 일으킨다. 이것들은 화면에 기반을 두지 않은 형태의 경험에 관한 관심을 감소시킨다.'

『불안 세대』에서 발견한 내용이다. 실제로 아이들이 디지털 기기 화면에 집중하는 동안 다른 활동들이 급격히 줄어들었다는 것을 알았다. 가족과의 소통이 줄었고 사소한 부분에서 감정 변화가 두드러지게 나타났다. 학습에서도 참을성이나 지구력이 떨어졌다. 결국 나는 아이들의 스마트 기기를 압수했다. 감정이든 기기든, 조절 능력을 갖춘 뒤 사용할 것을 약속받고 봉인했다. 아이들에게 생긴 변화는 시간이 지날수록 상상을 초월하는 결과를 낳을 수 있다는 합리적 의심이 들었기 때문이다. 그리고 내 생각을 증명하는 자료가 곳곳에 넘쳐났다.

나는 조금도 후회하지 않는다. 엄마의 권위는 폭력이 아니다. 기준이다. 엄마의 기준이 아이 인생의 기준이 될 수 있다. 그리고 모호한 기준이 아이의 방종을 자유라고 착각하게 만들 수 있다. 여전히 아이들은 모든 선행의 대가로 휴대전화를 원하지만, 나는 '안 돼'라고 단호하게 말한다. 무엇이든 미루면 안 된다고 가르쳤지만, 끝까지 미루고 싶은 것은 단 하나다. 휴대전화는 다른 아이들이 지녔다는 이유로 아이에게 쉽게 쥐여주면 안 된다. 휴대전화는 장난감이 아니다. 손에 닿는 순간 예전으로 돌아갈 수 없기 때문이다.

사춘기를 지나는 딸아이가 다른 친구들과 비교하며 자신은 불행하다고 했다. 휴대전화 때문이었다. '너는 친구들과 비교당하는 것을 두려워하고 불쾌해하더니, 이젠 스스로 다른 아이와 비교하고 있구나.' 내 말을 듣고 아이의 표정은 엉망이 되었다. 하지만 다른 사람과 비교하는 일은 그 뒤 사라졌다. 아이에게 상처를 주려고 한 말은 아니었다. 엄마를 자극해서 얻고자 한 것이 고작 휴대전화라는 것에 화가 났을 뿐이다.

'불행'이라는 감정을 이용해서 부모를 슬프고 화나게 했다고 확대 해석하지 않기로 했다. 불행을 느끼는 결핍을 다른 쪽으로 채워 주면 된다. 양육은 감정이 들어가면 부모와 아이 양쪽 모두 힘이 빠지는 경우가 종종 생긴다. 감정은 빼고 머리와 가슴이 차가워질 필요가 있다. 대화의 끝에 나는 딸아이가 가진 많은 것들을 열거하며 감사함에 대해 이야기해 주었다. 아이가 당연하게 받고 누린 것들이 누군가에게는 간절히 원하던 이상적인 삶일 수도 있다고.

'만족을 모르면 행복은 달아난다.'

세상에 태어나는 건 선택할 수 없는 일이지만, 그 외 모든 일은 우리의 선택에 달려 있다. 그리고 어떠한 경우라도 남의 기준에 맞춰 선택할 필요는 없다. 대학, 취업, 결혼, 친구도 마찬가지이다. 스스로 선택하고 책임을 다하는 태도면 된다. 타인과 비교하고 열등감을 느낄 필요도 없다. 다 가진 자는 애초에 존재하지 않기 때문이다. 가지고 있는 것에 만족하고 감사할 줄 알면 된다. 원하는 것을 현명하게 선택하고, 꾸준히 배워서 성실하게 사회 속에 자리 잡아가는 모습, 하고 싶은 일을 하면서 행복을 느끼며 감사하고 사랑하는 모습, 부모가 원하는 이상적인 아이들의 모습이 아닐까. 만족을 모르고 타인에게 과시하는 삶은 소모적이다. 결국 자멸하게 된다.

우연히 흥미로운 영상을 하나 보았다. 운이 운명을 좌우할지도 모른다는 실험이었다. 아무리 노력해도 운이 좋은 자를 이길 수 없다니. 운이 좋은 사람은 도대체 어떤 사람일까. 마른하늘에 날벼락 맞고도 살아 돌아온 천운을 이야기했다면 허무했을 것이다. 하지만 요지는 달랐다. 운이 좋은 사람은 꾸준히 자기가 맡은 일을 성실히 해나가다, 결정적인 기회를 잡는 사람이었다. 성실할 뿐만 아니라 기회를 알아볼 줄도 알아야 한다는 말이다. 운이 없다고 비관하고 노력조차 하지 않는 사람은 아무것도 갖지 못하고 생을 마감할지도 모른다.

입시도 마찬가지 아닐까. 평소 꾸준히 노력하고 실력을 쌓아 올린 학생이라면, 입시는 큰 기회가 될 것이다. 부디 명문대 입학만 노리고 요령을 운이라고 착각한 채 학습하지 않기를 바랄 뿐이다. 행운은 요령이 부리는 마법이 아니다. 입시에서 운은 노력을 이기지 못한다. 전력으로 준비하고 성실히 공부한 학생은 좋은 결과가 행운처럼 따라오는 것이다. 그 아이의 결과를 누가 행운이라고 하겠는가. 전심으로 노력한 자는 결과가 행운이라고 말한다. 그리고 노력조차 하지 않고 요행을 바라는 자는 자신이 불행하다고 한다. 나는 편법을 써 얕은 수로 공부하려 하고 운을 바라는 아이들에게 쓴소리를 아끼지 않는다.

공부에는 왕도도 지름길도 없다.

나는 아이를 칭찬보다 염려와 충고로 키웠다. 말이 때로는 가장 아팠을 것이다. 바늘처럼 따끔거리고 냉정하다고 느꼈을 수도 있다. 두려웠기 때문이다. 타인의 말로 큰 상처를 받고 마음을 다칠 아이의 모습을 상상하면 눈앞이 캄캄해지고 가슴이 아팠다. 고통에 적응하는 자세를 안전하게 가르쳐 주고 싶었는지도 모르겠다. 누구보다 사랑하고 응원하지만, 입 밖으로 다정한 말을 자주 해주지 못한 것이 내내 마음을 무겁게 했다. 사랑만 주고자 키웠건만 부모 울타리 안과 밖의 괴리를 줄이자고 일부러 모진 모습도 보여 주었다. 표현을 아끼는 것이 겸손이라 여긴 것이다. 하지만 이제는 후회가 밀물처럼 밀려온다. 내가 아이에게 아낌없이 줄 것은 사랑뿐이니, 내가 사랑을 넘치게 주어야 아이도 사랑을 주는 사람이 될 것이 아니겠는가. '나에게 너는 온통 사랑이야. 꼭 기억해.'

나는 이 말을 잠든 아이들을 보며 수도 없이 되뇌었다. 꿈결에라도 꼭 듣기를 바라며. '세상에서 제일 큰 사랑은 너야. 이 말은 내 온몸과 마음으로 증명할 수 있어.'

'엄마가 하는 말이 제일 아파. 그렇지만 새살이 돋으면 어떤 고통도 안 느껴질 만큼 튼튼해지는 것 같아.'

나도 실은 아팠다. 아이들이 바깥에서 손가락질받거나 소외를 당하고 돌아온다고 상상하면 아직도 가슴이 뜯기듯 아린다. 하지만 어떤 상황이든 아이들에게 일어날 수도 있고 피할 수도 있다고 생각한다. 감정도 버티고 스스로 보듬는 방법을 가르쳐야 하는 것이다. 내 자식이 최고라고, 내가 보듬어 안아 귀하게 키운다고, 세상도 그렇게 바라봐 주지는 않는다. 최악을 대처하는 방법을 내 손으로 가르쳐야 한다. 최선은 아이들의 역량이다. 사소하게라도 아이들이 억울한 일을 겪게 해서도 안 된다. 공정함이 얼마나 큰 힘인지 가르쳐야 한다. 내 자식이 억울해서도 안 되지만, 남의 자식도 억울해지면 안 된다. 이기적인 부모는 이기적인 아이를 만든다.

아이들은 나를 대신해 살아갈 세대가 아니다. 너희들이 부모의 부담을 짊어지고 살아가지 않았으면 좋겠다고 말하고 싶다. 가슴과 날개를 가벼이 하고 훨훨 날아다닐 수 있도록 만들어 주고 싶은 것이다. 자식의 성공은 부모의 전유물이 아니다. 자식을 키우는 동안 내내 행복하고 뿌듯했다면, 부모가 자식을 낳고 기른 이유는 충분하다. 내 인생 최고의 행운은 내 아이들이다. 정말 성실하게 살았더니 애벌레 두 마리가 내 품으로 쏙 들어온 것 같다. 두 보석을 키워 내면서 사랑하였으므로, 나는 진정 행복하였네라.

'나에게 남은 운이 있다면 모두 나비가 될 나의 아이들에게 가기를. 부디 몸과 마음을 건강하게 지키고 걱정 없이 살아가기를. 고난과 시련 앞에서는 의연하게 대처하고, 상처받지 말고 유연하게 살아가기를.' 부모의 염원은 언제나 하나이다. 나비의 꿈은 배추밭이 될 수도 있고, 도시 속 마천루가 될 수도 있다. 감히 나는 너희들의 꿈을 정해 키울 수가 없다. 아무리 아득하고 멀리 있어도 꼭 도달해야 하는 곳이라면 너희들의 힘으로 닿기를 간절히 원할 뿐이다. 그러니 나비가 되어라. 어떤 나비든, 너희가 원하는 나비로 나빌레라.

나는 나무 같은 부모가 되고 싶다. 아낌없이 주어도 부족하지만, 따끔하게 일깨워야 하는 순간이 오면, 내 가지를 꺾어서라도 바른길을 열어줄 곧고 강한 나무 말이다. 도시의 회색 빌딩 숲이 아닌 아름다운 섬들이 만든 바다의 도시, 통영이 나의 나비들을 키웠다. 삭막한 입시전쟁을 아름다운 자연 속에서 견디는 것은 어쩌면 행운일지도 모른다. 나비야! 너희는 아름다운 행운을 이미 잡

앞으니 멋진 기회를 알아보고 반드시 잡기를, 성실하고 꿋꿋하게 모든 역경을 버티고 당당히 꿈을 향해 날아오르기를 엄마는 진심으로 바라 마지않는다.

너의 모든 것을 응원하고, 모든 날을 사랑한다.

2025. 5. 17. 통영에서 畋

나비 엄마의 10가지 약속

1. 루틴을 만들어 주자.
-시간을 잘 관리해야 한다.-

2. 기다리고 믿어주자.
-스스로 할 수 있도록 대신해 주지 마라.-

3. 좋은 태도에 칭찬하자.
-모든 것을 이기는 것은 결국 태도이다.-

4. 집안일에 동참하게 하자.
-자기 효능감을 키운다.-

5. 계획을 세우고 성실히 지키게 하자.
-사는 대로 생각하는 것이 아니라, 생각하는 대로 살게 하라.-

6. 버티고 견디는 힘을 길러 주자.
-근성이 결과를 뒤집는다.-

7. 휴대전화는 되도록 늦게 주자.

-아이는 버티고 살아낸다.-

8. 좋은 습관을 만들어 주자.

-습관이 그 사람의 인생이 된다.-

9. 아이를 억울하게 만들지 말자.

-공정함의 힘을 보여줘라.-

10. 부모의 마음으로 부담을 주지 말자.

-아이들은 부모를 대신해서 살아가는 세대가 아니다.

나의 아버지

지인

초여름 더위가 슬며시 밀려오기 시작한 6월의 어느 날, 복개천 옆 파란 지붕이 얹힌 구멍가게를 찾아갔다. 연보라색 옷을 입고, 짧은 머리를 곱게 염색하신 할머니께서 환한 미소로 우리를 맞아 주셨다.

"할머니, 잘 지내셨어요? 결혼하기 전에 인사드리러 왔어요."

할머니는 가게 안 부엌에서 시원한 식혜를 꺼내 주시며 말씀하셨다.

"신랑이 뚜꺼비상이라 복스럽게 생긴네. 결혼해서 잘 살긋다."

라고 하셨다. 그러고는 갑자기 부탁할 게 있다며 예비 신랑의 두 손을 꼭 잡으셨다.

"이제부터 내가 하는 말 단디 들어라. 결혼하믄, 큰아버지한테 잘하고, 큰집 동생들도 잘 챙겨 주거래. 무슨 일이 있든 큰집이랑 돕고 살아야 한다. 알긋제."

할머니는 우리의 결혼에 대해서는 한마디도 하지 않으셨다. 한 시간 내내 큰집에 대한 이야기만 듣다가 진이 다 빠져서 도망치듯 그 집에서 빠져나왔다. 우리 가족에 대한 이야기를 전혀 하지 않는 할머니. 인사를 드리고 나오면서 기분이 좋지 않았다. 큰집, 우리 집 모두에게 서로 잘하라고 했다면 이해가 되었을 텐데, 우리 가족은 항상 조연에 머물러야 했다. 오직 큰아버지만 주인공으로 빛나야 행복한 할머니의 삶. 그 안에서 가족들은 자신의 목소리를 내지 못했고, 분노와 슬픔을 견뎌 내야 했다.

단 한 시간의 차별에도 온몸이 휘청거렸다. 다행히 사랑하는 사람이 곁에 있어 준 덕분에 나의 상처는 금세 치유가 되었다. 하지만 아버지의 삶을 짓눌러 온 깊은 상처를 잠시나마 체험한 것 같아서 마음이 아팠다.

아버지는 5분 차이 일란성 쌍둥이 중 둘째다. 할아버지와 할머니는 첫째인 큰아버지만 유독 좋아하셨다. 똑같이 생긴 쌍둥이였지만 시장을 가든 어디를 가든 첫째인 큰아버지만 데려가셨다.

"엄마 저도 같이 시장 가고 싶어요."

"안 된다. 작은아, 니는 집에 있어라."

모든 게 안 되는 것투성이인 집에서도, 아버지는 인정받고 싶었고, 사랑받고 싶었을 것이다. 그런 마음은 어린 자식의 특권인데, 그 특권은 오직 큰아버지만 누릴 수 있었다. 사랑받아야 할 나이에, 차별만 받은 아이는 자신을 증명하기 위해 무척 힘겨웠을 것이다. 아버지는 큰아버지보다 더 열심히 일했고, 성공하기 위해 멈출 줄을 몰랐다. 아버지는 부모님의 사랑을 받고 싶었기에 모든 것이 간절했고, 그 마음은 결국 아버지의 삶을 이끌어가는 원동력이 되었을 것이다.

할아버지, 큰아버지, 아버지, 삼촌은 농사를 짓고 틈틈이 미장일도 하셨다. 온 가족이 돈을 벌기 위해 똘똘 뭉쳐 열심히 일했고, 그렇게 모은 돈으로 땅을 사기 시작하면서 집안 형편은 점차 나아졌다. 할아버지와 할머니는 자식들 덕분에 재산을 불리는 기쁨까지 누리실 수 있었다.

할아버지는 카리스마가 있으셨고, 자식들은 온순한 양처럼 그의 말씀을 잘 따랐다. 일이 매우 힘들었지만, 자식들은 크게 불만을 품지 않았다. 할아버지는 손재주가 뛰어나 자식들에게 많은 가르침을 주셨고, 아버지는 그런 할아버지를 무척 좋아했다. 고된 일을 하면서도 아버지는 할아버지에게서 많은 것을 배웠고, 재산이 불어나는 기쁨도 함께 누렸다. 할아버지는 아버지가 열심히 일할 때만 좋아해 주셨기에, 아버지는 사랑받기 위해 끊임없이 일에 매진할 수밖에 없었다. 그 덕분인지, 아버지는 지금도 일을 좋아하시고, 언제나 일이 가장 우선순위다.

아버지가 열일곱 살 때, 할아버지는 갑작스레 돌아가셨다. 오징

어와 뜨거운 숭늉을 드시고 논에 나가셨다가 쓰러지신 후 깨어나시지 못하셨다. 가장이 된 큰아버지와 아버지는 스무 살 때 원양어선을 타셨다. 아버지는 멀미가 심했고, 갑판 일을 하다 다치셔서 몇 달 만에 배 타는 일을 그만두셨다. 아버지는 어쩔 수 없이 미장일이나 농사일을 하셨고 그동안 큰아버지는 원양어선을 5년 정도 타셨다. 두 아들 모두 착실하게 번 돈을 할머니한테 전부 보내드렸다. 그 돈으로 할머니는 땅을 사셨다. 큰아버지가 땅을 사는 데 큰 역할을 한 것은 사실이지만, 할머니는 아버지의 피땀 어린 노력은 잊고 있었다. 미장일을 해서 돈을 드렸는데 아버지의 헌신은 자식으로서 당연한 거라 여기셨다. 할머니는 군대에 갈 때조차 아버지에게 잘 갔다 오라는 말을 하지 않으셨다. 아버지가 욕심이 많고 착하지 못해서 챙기지 않았다고 하셨는데, 이 말은 앞뒤가 맞지 않는다. 사랑을 받아야 착하게 클 것 아닌가. 그리고 못된 아들은 자신이 힘들게 번 돈을 모두 어머니에게 드리지 않는다. 이런 말도 안 되는 차별은 아버지 마음에 켜켜이 쌓여 지울 수 없는 미움과 상처로 자라났다. 할아버지가 돌아가시고 아버지는 마음 붙일 곳이 없었고 할머니의 차별은 더욱 심해졌다.

1980년, 아버지는 거제도 다대에 사는 마음씨 고운 엄마와 결혼하셨다. 온순하고 착한 엄마 덕분에 아버지의 분노와 외로움은 조금씩 사라져 갔다. 결혼 후 아버지의 삶은 점차 안정되었고, 웃음도 늘어났다. 아버지는 변함없이 일 욕심이 많았고. 그로 인해 엄마가 따라가기 버거웠지만 좋은 날도 있었고 힘든 날도 있었다. 성실한 남편이라 좋지만 너무 몸이 고되기도 했을 터이다. 엄마의 내조로 아버지는 행복한 나날을 보냈고 일 년 후 내가 태어났다.

부모님은 농사를 지어야 했기에 일을 나갈 수밖에 없었다. 하지만 나를 맡길 곳이 없는 게 문제였다. 친할머니가 가까이 살고 계셨지만, 한가할 때도 어린 우리를 돌봐주신 적이 없었고. 평소 부모님을 도와주시지 않았기에 감히 부탁조차 할 수 없었다. 엄마는 빨간 고무통에 나를 넣어놓고, 바쁘게 농사일을 하셨다.

"응애응애~~"

엄마는 내가 울면, 멀리서도 소머즈처럼 재빠르게 달려오셨다. 젖을 물리고 안아주시던 엄마 품은, 흙 내음 가득한 밭과 논처럼 포근하고 넉넉했다. 살랑살랑 부는 바람과 햇볕이 내리쬐는 자연 속에서, 엄마는 따스한 사랑으로 나를 키우셨다. 항상 농사일로 바쁜 부모님의 삶이 얼마나 무거웠을지, 그 힘겨움을 나는 감히 짐작조차 하지 못했다. 시간은 흘러 막냇동생도 태어났고 나도 약간의 심부름을 할 수 있는 나이가 되었다. 어린 두 동생들이 너무 귀여웠고 나는 더 이상 외롭지 않았다. 일은 고되지만 부모님은 우리를 정성껏 키우려고 노력하셨고, 주어진 환경에서 최선을 다하셨다. 하우스 일을 하시는 아버지는 용접할 일이 많아 서두르다 오른쪽 손가락 검지가 절단되는 사고가 일어났다. 엄마는 너무 놀라 울면서 처음으로 할머니께 도움을 청했다.

"병원만 빨리 가면 봉합 수술할 수 있어요. 어머니 제발 도와주세요."

"그럴 돈도 없고, 도와줄 수도 읎다."

항상 여윳돈이 있는 할머니였지만, 매정하게 도움을 거절하셨다. 그날 이후, 할머니와 아버지는 봉합할 수 없는 손가락처럼 회복 불가능한 사이가 되어버렸다. 이때 할머니가 어른스럽게 먼저 손을 내밀었다면 우리 가족의 삶이 좀 더 따뜻해지지 않았을까.

내가 태어난 곳은 거제 제일고 앞 파란 지붕의 집이었다. 차가 많이 다니는 곳이라 아이들이 살기에는 위험했다. 엄마는 우리가 나가지 못하게 문고리에 숟가락을 꽂는 것으로 잠금장치를 하셨다. 동생은 얌전하지 않았고 장롱을 올라타며 놀았다.

"엄마가 얌전히 있으라고 했잖아."

"누나 심심해 나가 놀고 싶어."

부모님은 어린아이들만 집에 두고 나올 수밖에 없어 늘 걱정하셨다. 차가 다니지 않는 곳이라면 몰라도, 어른이 없는 사이에 아이들이 나갔다가 사고라도 날까 봐 문을 꼭 잠가 두어야 했다. 우리 같은 어린아이들이 지내기에는 좋은 환경이 아니었다.

엄마는 바쁘셨음에도 항상 우리를 위해 맛있는 음식을 챙겨주고 일을 나가셨다. 가끔 동생이 탈출도 한 번씩 해서 이웃 어른에게 도움을 요청하기도 했다. 동생들은 너무 어려서 위험을 인지하지 못하고, 망아지처럼 도로를 뛰어다녔다. 부모님이 알았다면 가슴이 철렁했을 듯하다. 먹고 살아야 하기에 부모님은 어린 자식들을 집에 홀로 두고 일을 나갈 수밖에 없었다. 할머니의 도움이 간절했지만 도움의 손길은 한 번도 찾아오지 않았다.

부모님은 더 많은 돈을 벌기 위해 농사와 함께 돼지 농장도 시작하셨고, 본격적으로 300마리가 넘는 돼지를 키우기 위해 축사 근처로 이사하셨다. 그곳은 차가 거의 다니지 않아 안전했고, 경치도 아름답고 한적한 곳이었다. 나는 놀 곳이 없어서 가끔 창고 포대 위에 누워 멍을 때리기도 했다.

창고와 들판은 어린 우리의 놀이터였다. 들꽃을 꺾어 꽃다발을 만들었고, 분홍색 달달한 들꽃은 꽃잎을 뜯어 가운데를 쪽~ 빨아먹었다. 부모님의 성실함 덕분에 우리는 어느 때보다도 달콤한 시간을 쌓을 수 있었고, 그 꽃잎의 달콤함은 잊을 수가 없다.

축사에서 처음 어미돼지가 새끼를 낳았을 때 생명의 탄생이 너무 신기했고 새끼 돼지가 귀여워 매일 찾아갔다. 생명의 탄생을 직접 보는 아이는 많지 않았을 텐데, 우리는 자주 그런 장면을 보았다. 처음 새끼 돼지가 태어났을 때 부모님은 무척 기뻐하셨고, 그렇게 좋아하시는 모습을 지금도 잊을 수가 없다.

　부모님은 돼지를 키우시며 돈도 제법 벌고 3년간은 별 탈 없이 시간이 지나갔다. 하지만 평화로운 시간도 잠시, 새끼를 밴 돼지가 흥분해서 엄마한테 돌진하는 사고가 일어났다. 엄마는 돌진하는 돼지를 보고 놀란 나머지 넘어졌고 심하게 다쳐 한 달 이상 병원에 입원하셨다. 엄마가 없는 우리 집은 난장판이 되었다. 엄마의 빈자리가 컸고 동생을 챙겨야 한다는 생각을 하기엔 나도 어렸기에 울기만 했다. 다섯 살, 여덟 살, 아홉 살 아이들이 알아서 학교를 가야 했는데 나만 학교를 제대로 갔다. 동생들은 어린이집과 학교를 며칠 동안이나 가지 않고 냇가에서 물고기를 종일 잡으러 다녔다. 학교에서 연락이 와 엄마는 이 사실을 뒤늦게 알고 동생들에게 화를 많이 내셨다. 엄마가 병원에 입원해 있는 동안 아버지가 얼마나 힘들었을지. 아이도 돌봐야 하고 축사 일도 해야 했기에. 아버지는 힘겹게 한 달을 보냈다. 의지할 곳이 없는 아버지는 얼마나 막막했을지. 할머니가 아버지를 도와주었으면 얼마나 좋았을까. 평범한 엄마와 아들의 사이였다면 아버지는 효도를 할 분인데 할머니는 많은 것을 놓치고 계셨다.

하늘도 무심한지 안 좋은 일이 연달아 일어났다. 엄마가 퇴원하고 몇 달 되지 않아 두꺼비집에 불꽃이 보이더니 순식간에 펑하고 집에 불이 났다. 다행히 집만 약간 타고 축사 쪽에는 피해가 없었다. 고맙게도 동네 사람들이 우물에서 물을 길어와 같이 불을 꺼주었고 큰불이 되지 않았다. 불은 꺼졌지만 우리는 지낼 곳이 없어졌다. 천만다행히 할머니 집이 몇 채 있어서 형편이 좋아질 때까지만 빈집에 살기로 할머니께 허락을 받았다. 할머니가 처음으로 마음의 문을 여셨고 부모님은 기뻐하셨다. 이때 할머니와 부모님 사이는 제일 좋았고 행복했다. 엄마가 맛있는 음식을 해서 할머니께 자주 가져다드리고 우리는 할머니 집에 자주 놀러 갔다. 이제 할머니와 계속 잘 지낼 수 있다고 생각하니 너무 기뻤고 그제서야 아버지의 엄마, 우리 할머니 같아 보였다.

아버지는 돼지를 키우면서 연이은 사고로 힘든 시간을 보내셨다. 삼 년여 만에 축사를 정리하셨고, 그 자금으로 파인애플, 표고버섯, 알로에를 재배하려 부지런히 준비를 시작하셨다.

할머니가 내어주신 빈집은 마루와 방 두 개, 넓은 부엌, 그리고 옥상까지 갖춘 좋은 집이었다. 아버지는 그 집으로 친구들을 자주 초대하셨다. 회와 낙지를 먹기도 하였고 활활 타오르는 연탄불에 해산물을 구워 손님을 대접하기도 하셨다. 제일 일품은 연탄불에 노릇노릇 익어가는 먹음직스러운 장어구이와 삼겹살이었다. 모든 음식이 너무 맛있어서 침이 절로 고였다.

부모님은 먹는 것에는 돈을 아끼시지 않으셨기에 어린 시절은 맛있는 추억이 가득 차 있었다. 평상이 있어서 가족들과 도란도란 앉아 이야기도 하고, 행복한 순간이 무럭무럭 자라나 나를 채우고 있었다. 일 년 남짓 할머니 집에서 잘살고 있었다. 하지만 큰아버지가 갑자기 거제로 내려오시면서 우리의 행복은 막을 내렸다.

"행님이 정육점이 잘 안돼서 내려오니깐 느가 다른 곳으로 이사해라."

"어머니, 아직 형편이 좋지 않아요. 1~2년만 더 살게 해주세요."

"안된다. 행님이 크고 좋은 집 살아야지, 작은아 니는 가게 옆 작은집에 살아라."

할머니는 조금도 우리 가족을 기다려 주시지 않았다. 할머니는 큰아버지가 제일이었기에 우리 가족은 할머니 안중에 없었다. 할머니 집이기에 할 수 없었다.

넓고 좋은 집에 살다가 방 한 칸에 부엌이 있는 작은 집으로 이사를 갔다. 좁은 집이었지만 다섯 식구는 딱 붙어서 자면서 이야기도 많이 나눈 덕분에 부쩍 가까워졌다. 집은 작아졌어도 우리 가족의 마음은 좁아지지 않았다. 작은 집은 다락방이 있었는데 깊고 넓어서 사다리를 타고 모험을 자주 떠날 수 있어 좋았다. 가족이 곁에 있으면 작은 집이라도 꿈을 꿀 수 있어서 좋았다.

아홉 살쯤 거제에 비가 너무 많이 와서 저수지 댐이 무너진다고 했다. 가족은 어쩔 수 없이 학교로 대피를 하였다. 결국 댐이 무너져 거리는 어른 허벅지만큼 물이 찼고 우리 집은 물에 잠겼다. 비가 그치고 집에 갔더니 다행히 주방까지만 물이 차고 방에는 물이 많이 들어오지 않았다. 그릇이며, 냄비며, 바가지며, 살림살이가 둥둥 떠다녔다. 부모님과 같이 바가지로 물을 퍼내니 신기하게도 물이 빨리 줄어들었다. 빗물로 엉망이 된 살림살이를 버리고 쓸 만한 건 깨끗이 씻고 말리기를 반복하였다. 수재민이 된 부모님은 무척이나 힘들어 보였다. 너무 힘들었기에 TV 속에 수재민을 보면 어릴 적 생각이 떠올라 가슴이 아팠다.

우리 가족이 수해로 고통을 겪고 있을 때, 할머니는 다른 가족들과 의논하지도 않고 큰아버지에게만 몰래 땅을 주셨다. 그 시대에 흔했던 남녀 차별도 아닌, 5분 차이 쌍둥이 차별은 할머니만의 특별한 차등 방식이었다. 한 자식에게만 집중되어 나머지 자식들을 불행하게 만드는 어리석은 사랑. 계속되는 차별로 인해 아버지의 마음은 최악까지 갔고, 결국 아버지는 할머니와 연을 끊으셨다.

"할머니, 아버지랑 큰아버지 차별 좀 하지 마세요. 우리 아버지 속상해요."

"열손 깨물어서 안 아픈 손가락이 없다. 나는 자식들을 전부 사랑한다. 나한테 잘하는 자식은 큰애니깐 너거 아빠가 따를 수밖에 없다."

이렇게 할머니는 나에게 자주 말하셨다. 할머니의 영향으로 고모도 큰아버지를 더 좋아하셨다. 그 말을 듣는 순간 아버지가 안쓰러웠고 사랑을 주지 않는 할머니가 야속했다.

엄마는 좋은 게 좋은 거라고 하시며 아버지 몰래 할머니 집, 큰아버지 집에 우리도 같이 데려가셨다. 아버지는 화를 내셨지만 끝내 우리를 말리시지는 않으셨다. 제사도 아버지만 안 가고 우리는 갔다.

아버지는 아무에게도 기댈 곳이 없었다. 이를 악물고 일을 닥치는 대로 하셔서 자수성가하셨다. 손재주가 있고, 눈썰미가 좋으셔서 비닐하우스도 직접 만드셨다. 덕분에 농사철이 아닐 때도 아버지를 찾는 곳이 점점 많아졌다. 경매로 팔면 물건값이 너무 쌌기 때문에 엄마는 여러 시장을 돌아다니면서 표고버섯을 직접 파셨다. 엄마는 숫기가 없는 분이셨는데 장사를 하시면서 성격이 변하셨다. 다행히 장사 수완이 좋으셔서 표고버섯과 파인애플을 팔아 돈을 꽤 모을 수 있었다. 그렇게 번 돈으로 아버지는 제일 먼저 집을 지으셨다.

층고가 높고, 넓은 거실과 햇볕이 잘 드는 커다란 창이 있는 집을 짓는 것이 아버지의 꿈이었다. 아버지는 그 집을 짓는 동안 행복하셨다. 그렇게 지어진 집으로 이사를 가던 날 나는 빨간 벽돌 집의 수돗가에서 뱀을 보았다. 뱀을 본 나는 무서워서 엄마에게 무섭다고 했더니 "우리 집에 좋은 일이 많이 생길 건가 봐."하고 웃으셨다.

"우리 집 너무 좋아요. 동네에서 제일 좋은 거 같아요."

처음으로 우리 방이 생겨서 동생과 나는 너무나 기뻤다. 우리 집은 특이하게 대문이 없고 빨간 벽돌 기둥만 세워져 있다. 아버지는 대문과 담을 만들려다 중간에 포기하고 마당에 농기구, 자동차 들어갈 공간을 만들어 놓으셨다. 대문이 없지만 마당이 넓은 집이라 마음껏 자유롭게 뛰어놀았다.

부모님은 일을 가서서 외로웠지만 집은 항상 포근하고 편안했다. 지금 부모님이 살고 계신 집은 어느새 30년이 넘어 낡고 고칠 곳투성이지만 추억이 깃든 집이라 정이 간다. 가족과 많이 웃고 울기도 했던 우리 집에서 지금도 부모님은 살고 계신다.

할머니는 여든에 천식이 심해지셨다. 할머니는 큰아버지를 너무 좋아하셔서 매일 아들을 기다리셨다. 그러던 어느 겨울날 할머니는 큰아버지를 도와주시려고 밭에 나갔다가 쓰러져 중환자실에 1년 정도 입원하신 뒤 돌아가셨다. 아버지는 그런 할머니가 미웠기에 돌아가셨을 때도 눈물을 한 방울도 흘리지 않으셨다.

할머니의 죽음으로 아버지의 차별 연대기는 막을 내렸다. 할머니가 돌아가시고 가족들은 할머니 이야기를 잘하지 않는다.

작년 연말, 아버지는 칠순의 연세에 또 땅을 사셨다. 우리도 힘을 합쳐 많이 도우라고 하셨는데 사실 자신이 없다. 땅뿐만 아니라 1억이 넘는 농기구도 바꾸셨다. 나이를 잊고 농사일에만 몰두하실까 걱정이 되었다. 아버지는 자식이 스스로 농사일을 찾아서 하기를 원하신다.

"아버지 일을 줄이세요. 아버지를 충족시키기에는 우리가 역부족이에요."

"내가 일을 열심히 안 하면 치매에 걸릴 거 같다. 내가 아는 거 모두 가르쳐서 너거를 먹고 살길을 찾아주고 갈끼다."

가슴 한편이 아팠다. 아버지는 사랑받지 못하셔서 자식들을 사랑하는 방법은 잘 모르시지만, 최선을 다하여 아버지만의 방법으로 우리에게 아낌없이 사랑을 쏟아주고 계신다.

아버지의 고통은 유서가 깊은 탓에 오래오래 살펴보고, 천천히 치유해야 한다. 그리고 그 과정에서 우리 가족이 더 돈독해지기를 바란다. 잊었던 옛 생각을 떠올리며 지금에서야 아버지의 마음을 이해할 수 있게 되었고, 아버지의 상처를 치유해 드리고 싶다.

어렸을 때 아버지의 서러움에 대해 생각해 봤다면 좀 더 아버지를 이해할 수 있었을 텐데 그때는 깊이 생각을 하지 못했다. 글을 쓰며 옛 생각을 떠올리니 지금에서야 아버지의 마음을 이해할 수 있게 되었다. 일이 힘들기에 실수나 성실하지 못한 행동으로 아버지는 우리에게 불같이 화를 많이 내시지만, 알고 보면 뱉은 말을 꼭 지키시고 누구보다 정이 가득하신 분이다.

동네 어르신들은 한 달에 두세 번씩 고랑에 차가 빠지면 아버지에게 도움을 청하신다. 바쁜 일을 하시다가도 아버지는 트랙터를 재빨리 몰고 가서 한 번에 차를 꺼내 주셨다. 다른 사람에게는 귀찮은 일이 될 수 있지만, 아버지는 아무 대가 없이 기꺼이 도와주신다. 무뚝뚝해 보이지만 아버지는 정이 많으시고, 이런 일쯤은 아무것도 아니라고 말씀하신다.

동생이 조만간 귀농을 하기로 했다. 일이 얼마나 힘든 것인지 알기에 아버지는 동생에게 혹독하고 강하게 일을 가르치려고 하신다. 동생이 벽에 부딪혀 가며 제대로 배우고 스스로 성장하기를 원하신다. 아버지는 혜안이 있으시기에 아버지를 따라간다면 실패가 없다. 동생은 성실하고 아버지의 자식이기에 충분히 잘 헤쳐 나갈 수 있다. 너무 걱정하지 말고 조금 더디지만 동생을 믿고 조금만 기다려 주시면 좋겠다.

"이제부터는 아버지 말씀에 더 귀 기울이고, 언제나 아버지 곁을 지키는 든든한 첫째 딸이 될게요. 지난 시간을 돌아보면, 다정한 말 한마디 제대로 건네지 못한 저 자신이 아쉬워 가슴 한편이 먹먹해집니다. 아버지를 가장 사랑하는 우리 가족의 마음을 부디 따뜻하게 받아 주세요. 앞으로는 가족여행도 함께 다니고, 아버지와 행복한 추억도 차곡차곡 쌓아가고 싶어요. 건강하시고, 무엇보다 마음이 평안하셨으면 좋겠습니다."

아버지, 진심으로 존경하고 사랑합니다.

통영은 날마다 축제

글보샘

먼 곳으로 훌훌 떠나 버리고 싶은 갈망, 바하만의 시구처럼 '식탁을 털고 나부끼는 머리를 하고' 아무 곳이나 떠나고 싶은 것이다. 먼 곳에의 그리움(Fernweh)! 모르는 얼굴과 마음과 언어 사이에서 혼자이고 싶은 마음!

- 먼 곳에의 그리움

전혜린의 '먼 곳에의 그리움'처럼, 나는 평생을 동경과 기대 속에 살아왔다. 언젠가 '식탁을 털고, 머리칼을 나부끼며' 미지의 세계로 훌쩍 떠나게 해 달라고. 운명의 흐름에 나를 맡기고, 우주의 자력이 이끄는 대로 흘러가게 해 달라고 기도했다. 가슴 속 돛은 바람결처럼 활짝 펼쳐져 있었고, 나는 출항을 기다리는 고독한 조각배였다.

이십오 년은 부모님이 선택한 공간에서, 또 다른 이십오 년은 남편과 딸을 위한 공간에서 조용히 머물렀다. 시끄럽고 갑갑했지만, 경제적으로는 풍요로웠고, 평온한 삶이 계속되는 듯 보였다.

하지만 본성을 억눌러야 하는 인내는 삶의 묘미가 될 수 없었다. 내 안의 꽃을 피우기 위해 막다른 길, 고통스러운 순간을 견뎌내고 싶었다. 언젠가 향기가 되어 돌아올 삶의 결실을 만나기 위해서.

아버지가 돌아가시고, 그다음 해에는 반려견마저 내 곁을 떠났다. 나는 먼지 가득한 어둠 속에 갇혀 우울을 곱씹고 싶지 않았다. '식탁을 털고, 머리를 나부끼며' 떠날 때가 온 것이다.

상실은 우리 가족을 새로운 공간으로 이끌었다. 붉게 번지는 남쪽 바다의 일출이 따스한 위로처럼 상처 위에 스며들었다. 섬과 섬이 이어져 바다를 감싸안고 있는 듯한 풍경은, 아버지의 품처럼 포근하고 따스했다. 어떤 인력이 작용했는지 알 수 없지만, 보이지 않는 힘에 이끌려 낯선 땅 '통영'에 정착하게 되었다. 남쪽의 맑고 따뜻한 공기는 말없이 나를 감싸안으며, 슬픔에 대면하는 법을 가르쳐주었다.

매일 윤슬 가득한 통영 바다를 마주한 덕일까? 나는 변화의 궤도 속에서 새로운 길을 걷고 있다. 고전 시가의 '노안이 유명이로다!'라는 시구처럼 어두웠던 눈이 밝아졌고, 나아가고 싶은 길이 보인다. 진정한 자유를 누리기 위해 나는 내 안의 참된 모습을 탐색하기 시작했다. 나는 누구인가, 내가 추구하는 삶의 본질은 무엇인가.

아버지는 늘 말씀하셨다.

"가치 있는 삶을 살아야 한다."

젊었을 때 나는 가치의 기준을 타인에게 두었다. 남들의 인정과 칭찬 속에서만 삶이 빛날 수 있다고 믿었던 것이다. 톨스토이의 『사람에게는 얼마만큼의 땅이 필요한가』의 주인공 파홈처럼, 미친 듯이 달렸다. 숨이 목에 차오를 만큼, 과로로 온몸이 너덜너덜해질 때까지. 하지만 이상한 것은, 타인의 인정을 받은 뒤에는, 속이 더 허해진다는 사실이었다. 먹을수록 배가 고파지는 악순환의 연속. 마당에 벚꽃과 라일락이 가득한 타운하우스를 마련한 뒤에도, 나는 여전히 더 많은 땅을 얻기 위해 전력 질주를 했다. 꽃향기를 즐기지도 못하고, 나무 그늘에 앉아 쉬어보지도 못한 채.

수많은 병명이 내 발목을 붙잡고서야 나는 멈춰 설 수 있었다. 세상의 시선에 갇힌 채, 나는 고유의 향기를 잃었고 생각할 여유마저 잊었다. 멈춰 선 후에야 나만의 '가치'가 무엇인지, 마음속 울림에 귀 기울일 수 있었다.

나는 세상의 시선에 매이지 않고, 고통과 우울마저 삶이 건네는 신호로 받아들이는 섬세한 사람이다. 독서와 글쓰기를 통해 스스로의 고유한 가치를 발견하고, 그것을 이야기로 기록하는 삶을 추구한다. 나의 필명 '글보샘'처럼, 글쓰기로 삶의 보약을 달여 지친 이들의 갈증을 풀어주는 샘이 되고 싶다. 이때의 '샘'은 옹달샘이자 선생님을 뜻하는 중의적 표현이다.

가치 있는 삶을 꿈꾸는 사람은 매일 글을 써야 한다. 마음의 파동 하나하나를 기록하는 일이 영혼의 통로를 넓혀 주기 때문이다. 가족과 친구에게 사랑을 갈구하기에 앞서, 자신을 사랑하고 돌보는 시간부터 마련해야 한다. 글쓰기는 자신을 정독할 수 있는 감각의 시간이다. 오감을 동원해 유년기를 불러낼 수도 있고, 내면 깊숙이 숨어 있는 또 다른 나를 마주할 수도 있다. 잊고 지냈던 미지의 세계, 내면에 흐르는 푸른 물결에 잠시 발을 담그며 미소를 지을 수도 있다.

통영에 온 뒤 많은 것이 변했다. 공간의 변화 때문인지, 도시에서의 삶과는 확연히 달라진 듯하다. 우선 마음에 여유가 생겼다. 관절염이 손가락 마디마디를 쑤셔도, 노화의 일부라 여기고, 두드러기가 세계지도처럼 온몸에 퍼져도 아침이면 괜찮아질 테니 겁먹지 말자고 스스로를 다독인다.

도시에 있을 때는 달랐다. 관절염으로 손가락 마디가 튀어나올까 봐 여러 병원을 다녔고, 두드러기가 번질 때는 독한 약을 먹으며 '이러다 죽을 수도 있겠다'는 부정적 생각에 사로잡혔다. 의심과 불안이 고통을 키웠고, 돈과 시간을 아끼지 않고 개인 병원과 대학병원을 오갔다. 내 몸과 마음을 천천히 들여다보지도, 문제의 원인을 생각해 보지도 않았다. 그저 신속한 종결만 바라며, 고통을 회피하려고만 했다.

하지만 통영에서는 고통과 마주하고 있다. 갱년기 호르몬 변화로 인한 노화가 수면 부족을 가져왔고, 잦은 외식과 초가공 식품 섭취가 두드러기를 일으켰다. 나는 수면 보조제를 모두 버리고, 잠이 올 때까지 책을 읽으며 졸음을 기다리고, 마음이 불안할 때는 죽림 해안 길을 걸으며 바다를 맞이한다.

자연과 교감하고 햇살을 즐길 줄 아는 사람은 거듭날 기회를 얻는다. 문명은 사람을 조급하게 만들고 당장의 결과에 매달리게 하지만, 고개를 조금만 돌려 마음에 맑은 공기를 들이면 새로운 세상이 열린다. 통영은 내게 새로운 숨결을 불어 넣는 공간으로 다가왔다. 고전 소설 속 우연처럼 책을 사랑하는 이웃들을 만나 '모모의 책숲'을 이루었고, 독서로 시작된 소통은 글을 쓰는 시간으로 이어졌다. 나는 점점 독서와 글쓰기에 빠져들었고, 영혼의 통로를 찾게 되었다.

마음을 나눌 수 있는 책과 이웃이 나를 꿈꾸는 사람으로, 날마다 축제를 누리는 사람으로 피어나게 해주었다. 어니스트 헤밍웨

이는 가장 가난했지만 가장 행복했던 시절을 '파리는 날마다 축제'
라 표현했고, 나는 갱년기의 고통 속에서도 영혼이 빛나는 이 순간
을 '통영은 날마다 축제'라 부르고 싶다.

　극한의 폭염 속에서도 나는 '루이스 세풀베다'의 '연애 소설 읽는
노인'을 꿈꾼다. '한 음절 한 음절을 음식 맛보듯 음미한 뒤에 반복
해서 읽고 또 읽는', 무한 독서의 세계. '모모의 책숲'이 울창한 산림
을 이루어, 끝없이 피어나는 이야기꽃으로 우리 곁에 머물기를 바
란다. 아주 오래도록, 매 순간 새로운 축제로 이어지기를.

빨리 나와 같이 늙자

이요림

"저마다 자기 나름대로 꽃이 있다. 다 꽃씨를 가지고 있다. 그러나 옛 성인이 말했듯이, 역경을 이겨내지 못하면 그 꽃을 피워낼 수가 없다. 하나의 씨앗이 움트기 위해서는 흙 속에 묻혀서 참고 견디어 내는 인내가 필요하다."

-산에는 꽃이 피네 中-

여보, 지금 우리는 인생의 가장 힘든 순간을 함께 겪고 있는 것 같아요. 많은 것을 얻기 위해 시작한 일들이 결국 많은 것을 잃게 했네요. 이 고통이 흙 속에 묻혀 있는 작은 씨앗이라 생각하고 참아내면, 언젠가 꽃을 피울 수 있을 거라 믿어요.

지푸라기라도 잡고 싶은 마음에 나는 매일 새벽 기도를 드리러 가고, 당신은 새벽마다 일터로 향하네요. 이 고단함과 노고는 언젠가 반드시 결실을 맺을 거예요. 지금의 모든 시련이 인내와 성찰의 힘이 되어, 우리 인생의 단단한 밑거름이 되리라 믿습니다. 그때가 오면, 고통이라 여겼던 일들이 참 별것 아니었구나 싶겠지요. 견디기 힘든 인내의 시간도, 언젠가 웃으며 떠올릴 수 있는 추억으로 남기를 바라며 저는 이 글을 씁니다.

2025년 3월, 열네 살 소녀에서 마흔 살 아줌마가 된, 언제나 당신을 지지하는 아내가.

예체능 출신 ENTJ 나와 MBTI도 다른 ISFJ 공대생이었던 남편, 우린 결혼한 지 13년째다. 오랜 연애 끝에 결혼했지만, 결혼 생활은 연애와는 또 다른 문제의 연속이었다. 성향도 성격도 달랐던 우리에게 가장 큰 갈등의 시작은 '출산'이었다. 남편은 매일 아침 장시간 운전해 출근해야 했고, 나는 그런 남편의 단잠을 방해하고 싶지 않았다. 게다가 당시에는 육아가 자연스럽게 엄마의 몫이라고 여겨졌기에, 나는 누구의 도움도 없이 혼자 아이를 돌봤다. 그렇게 내 삶의 중심은 온전히 아이에게 옮겨갔다. 그런데 이상하게도, 아이가 태어난 뒤 남편은 오히려 더 자유로워진 것처럼 보였다. 점점, 나만 손해를 보고 있는 듯한 기분이 들었다.

산후우울증으로 감정이 온전치 못했지만, 나는 최선을 다해 아이를 사랑으로 돌보았다. 하지만, 쥐똥만큼 작은 사랑을 안고 있는 엄마가 아이에게 풍족한 사랑을 전하는 일은 결코 쉽지 않았다. 사랑이 고갈되는 기분, 얼마 남지 않은 피를 나누어 주는 것과 같은 느낌이라 하면, 그 의미가 전해질까? 오랜 시간 어렵게 쌓아

올린 사랑을 몽땅 아기에게 쏟아붓는 기분이었다. 엎친 데 덮친 격으로, 산후우울증에 빠진 나는 남편이 원망스러웠다.

내 힘겨운 마음을 채워 주지 못하고, 돌봐주지 못하는 무심한 사람 같았다.

나보다 더 힘든 표정으로 집에 돌아오는 남편에게, 나는 힘들다는 말조차 꺼낼 수 없었다. 여유가 없었던 내 마음은 부정적인 불꽃들을 만들어 가슴에 쌓고 또 쌓았다. 남편에게 자주 화를 내고, 상처를 주고, 죄책감이라곤 전혀 없는 표정으로 가슴에 쌓아 뒀던 불꽃들을 난발하며, 시커먼 하늘에 불꽃놀이처럼 감정들을 터트렸다. 그로 인해 남편의 가슴속엔 그을린 연기만 가득 남았다.

"조금만 예쁘게 말해 줄 수 없을까?"

"오빠가 애랑 온종일 있어 봐! 밥도 제대로 못 먹고, 잠도 못 자요. 계속 안아 달라며 울고불고… 뭣 때문에 우는지도 모르겠고, 정말 미칠 것 같아! 둘이 같이 낳았는데 왜 맨날 나만 이렇게 힘들어야 해?!"

"어휴, 그래, 그냥 말을 말자."

초보 엄마인 나 혼자 오롯이 이 작은 생명을 책임져야 한다는 부담과 두려움, 그리고 조급함 속에서 나는 점점 지쳐갔다. 대화 상대라곤 누워서 파닥거리며 웃거나, 자거나, 울거나 하는 아이뿐, 온종일 오매불망 남편 기다렸다가, 몇 마디에 쏟아낸 속사포에 일하고 온 사람 마음 쓰이게 한다며 미간으로 대신 대답하던 그 모습이 어찌나 서운하던지. 말 한마디 제대로 표현하지 못하는 답답한 이 남편이 뭐가 좋다고 결혼했을까? 결혼 전에는 경상도 여자인 나와 다르게 느긋하고 여유로워 보였던 남편이 멋지다 생각했는데, 결혼 후 남편의 행동들이 하나같이 답답하게만 느껴졌다. 남편은 아기를 품에 안으면 부서질까 무섭다며, 똘망한 눈으로 아빠의 사랑을 갈구하는 아들을 몇 번 품어보지도 못한 채 아들의 신생아 시절은 흘러갔다. 가장의 무게를 짊어지고 묵묵히 일하는 것이 곧 가족을 위한 사랑이라 생각했던 남편. 그렇게 일에만 몰두하는 사이 아들의 영유아 시절도 속절없이 지나가 버렸다. 일중독에 돈에 대한 집착, 우리는 그런 아빠, 그런 남편을 원한 게 아니었는데, 시간은 야속하게 흘러가 버렸다.

'나는 무뚝뚝한 경상도 남자는 절.대.로 안 만날 거야.'

그렇게 다짐한 나는, 경상도 남자가 아닌 충청도 남자와 결혼했다. 보드라운 목소리로 표준어를 쓰는, 양반 같은 품격에 마음을 빼앗겨 코가 단단히 꿰이고 말았다. 외국인과 결혼하면 문화 차이로 힘들다고 하던데, 결국 타고난 충청도 기질은 숙명처럼 거스를 수 없는 것일까. 경상도 남자를 돌이라 한다면, 충청도 이 남자는 바위다. 남편을 만나고 나서야, 나는 내 친정아버지가 얼마나 다정한 분이었는지 알게 되었다.

무뚝뚝함을 넘어선, 묵직한 사람. 웬만한 파도에도 끄떡없는 단단한 바위. 쉽게 흔들리지 않고, 쉽게 마음을 내비치지도 않는 사람. 첫 데이트에 울산바위로 나를 데리고 간 걸 보면, 역시 남편은 바위가 틀림없다.

우리 부부는 법원 앞에서 '사랑과 전쟁' 같은 장면도 찍어 보고, 한창 깨 볶던 동생의 신혼집에 가서 나 홀로 잠수를 탄 적도 있었다. 참 못났던, 뒤늦게 온 나의 사춘기였다. 나름 혈기 넘치는 반항을 했다 생각했는데, 그런 내 사춘기에도 남편은 바위처럼 흔들림이 없었다. 답답한 마음에 목사님께 하소연을 풀어놓았다.

"목사님, 저 진짜 도저히 남편과 못 살 것 같아요!! 이혼하고 싶어요."

"집사님, 지금 결혼한 지 몇 년 되셨죠?"

"7년이요."

"딱 3년만 더 살아봐요. 10년 살았는데 안 맞으면 그때 다시 생각해 보는 건 어때요?"

'부부는 로또 같다'는 말, 그 말을 듣고 어찌나 공감이 되던지, 정말 안 맞는 바위를 붙잡고 '3년, 3년만 더 버텨 보자.'라는 마음으로 이를 꽉 깨물었다. 나는 바위와 함께 공존하며 살기로 결심했다.

"으악! 진짜 쥐어 패 버리고 싶다…."

(아니야! 요림아 참아! 저건 사람이 아니야 바위야 바위! 말해

도 모른다고!)

그렇게 이를 악물고 버티던 시간이 지나, 어느새 6년이 흘렀고, 나는 바위가 익숙해지고, 바위를 이해하게 되고, 바위를 더 배려하며 살아가게 되었다. 지금은 함께 하는 시간이 편안하고 즐겁다. 예전에는 상상도 못 했을 '닮아 간다'는 말을 이제야 깨닫게 되었다. 그리고 3년을 더 살아보라고 조언해 주신 목사님께 너무 감사드린다.

'버티길 잘했다'

그 6년의 시간 동안 나는 배운 것이 참 많다. 그중, 안 맞는 것이 주는 장점에 대해 얘기하고 싶다. 바로 음식 궁합의 장점이다. 배추 줄기를 좋아하는 나와 배추 이파리를 좋아하는 남편, 우리가 김치를 먹을 땐, 호흡이 척척, 일사천리로 김치가 잘려 나간다. '아그작, 아삭', '사각, 서각' 씹는 소리와 좋아하는 부위는 다르지만, 각자의 취향과 소리가 어울려 식사의 맛을 더욱 풍성하게 만들어 준다. 짬뽕을 먹을 때도 마찬가지다. 나는 면보다 야채를 주로 먹어서 항상 면이 남았는데, 남편은 반대로 야채보다 면을 더 좋아한다. 우리의 짬뽕은 남김없이 싹~ 비워진다.

치킨을 먹을 때도 찰떡궁합이다. 남편은 치킨의 날개를 좋아하고, 나는 다리를 선호한다. 게다가 나는 튀김을 별로 좋아하지 않지만, 반대로 바삭한 튀김을 좋아하는 남편은 튀김 껍질까지 맛있게 먹어준다. 라면을 먹을 때도 남편은 계란 흰자와 쫄깃한 면발을, 나는 노른자와 국물을, 취향은 다르지만, 다르기 때문에 서로에게 더 이득이 된다는 걸 느낀다.

나와 다른 사람과 평생을 함께 산다는 것이 누군가에겐 버티기 힘들고 어렵겠지만, 좀 다르게 생각해 보고, 서로의 장점을 찾으며 살아간다면, 언젠간 그 다른 부분도 맞춰지지 않을까? 나는 결혼 생활의 지옥과 천국을 오가면서 많은 것을 깨닫고 변화하였다. 이유는 여러 개가 있지만, 그중 제일 큰 하나는, '바위'처럼 단단한 남편 덕분이다. 돌멩이를 던져도 무던하게 맞아주는 바위, 비가 오나 눈이 오나 그 자리에서 변함없이 서 있었던 한결같은 남편의 모습이 나를 서서히 변화시켜 주었다. 모진 파도에 재가 부서지는 줄 모르고 갈아져 버린 남편. '부서져 버린 빈자리를 이젠 내가 메워 줘야지' 이런 생각을 하기까지 6년이 걸렸다. '내가 바뀌면 세상이 바뀐다'는 말이 이토록 가슴에 와닿을 줄이야. 내가 바뀌니 비로소 보이는 문장이다.

튜브형 치약이나 폼클렌징이 거의 다 떨어질 때쯤, 남편은 늘 새것을 꺼내어 쓴다. 반면 나는 어떻게든 마지막 한 방울까지 짜내려고 안간힘을 쓰며, 결국 끝까지 아껴 쓰는 건 언제나 내 몫이지만, 나는 이제 그런 행동들이 기분 나쁘지 않다. 남편은 나에게 더 많은 것을 양보해 주고 있었기 때문이다. 한 달에 한 번 오는 감정의 노예가 되는 개떡 같은 월경 날에도, 남편은 나를 이해하려고 노력한다. 꽃을 사 온다던가, 초콜릿을 잔뜩 사 온다.

"아, 진짜. 살찌는데 왜 사 왔어!"

"살쪄도 예뻐"

바위는 이제 말을 곧 잘한다. '최 씨가 앉은 자리에는 풀도 안 난다'는 말이 있지 않나. 옴짝달싹도 하지 않을 것 같았던 최 씨. 내 눈치 보느라 똥강아지같이 온순해져버린 최 씨다. 천천히 과거를 돌아보니 남편은 조용히 나에게 매일 표현했던 것 같다.

'그래도 사랑한다고'

결혼하고 신혼집도 없이 친정에 얹혀살았을 때, 사람들이 손가락질했다. 부잣집 딸내미가 가난한 남편 만나서 친정집에 얹혀산다고, 하지만 난 하나도 부끄럽지 않았다. 착하고 성실하고 멋진 내 남편은 나를 변함없이 사랑하고 행복하게 만들어 줄 것이라는 확신이 있었기 때문이다. 우리는 아이를 낳고 매일을 지지고, 볶고, 싸워도 하루를 못 가서 부둥켜안았다.

드라마 '불새'에서 여주인공이 부잣집 남자를 내팽개치고 가난한 남자와 결혼해 지하 단칸방에서 살았던 모습을 보고 다소 충격을 받았던 나는 돈 많은 남자들만 만났다. 돈이 주는 기쁨과 사람이 주는 기쁨은 차원이 다른 힘이 있다는 것을 남편을 만나고 깨달았다. 그래서 나는 남편을 택했다. 내 인생의 가장 현명한 선택이었다.

며칠 전, 자금이 부족해서 폐물을 팔기로 결심했다. 결혼할 때 받았던 아까워서 잘 쓰지도 않았던 명품 가방과 금붙이, 다이아몬드 반지까지 바리바리 챙기고 있었을 때, 남편이 머쓱해하며 물었다.

"여보, 이거 꼭 팔아야겠어?"

"응! 이걸 어떻게 차고 다녀 촌스럽잖아~ 그리고 지금 금값 엄청 많이 올랐대!"

"다이아 반지는 팔지 말어. 네가 아끼던 거잖아."

"오빠, 어차피 나 살쪄서 이 반지 안 맞아. 괜찮아."

"……"

"내가 나중에 더 좋은 걸로 사줄게."

남편의 의기소침한 말을 뒤로한 채, 내 가슴의 온도보다 더 시린 새벽, 씩씩하게 혼자 서울 가는 버스에 올랐다. 애써 괜찮은 척했지만, 나는 괜찮지 않았나 보다. 버스의 칼칼한 시동 소리와 함께 나는 소리 없이 꺽꺽 울었.

'인간이 진짜 자신을 들키는 건 위로 올라갈 때가 아니라 바닥을 치는 순간'이라는 말이 기억난다. 주위에서 사업 실패로 이혼한 가정들을 볼 때마다 '저럴 때 나는 어떻게 할까?' 생각한 적이 있다. 막상 그 일이 나에게 다가오니, 두렵고 막막했지만, 오히려 남편과의 사이는 더 돈독해졌다. 고생 한번 안 하고 자란 나에게 항상 미안해하는 남편과, 그런 남편이 안쓰러워 보여서 화조차 못 내는 나. 우리는 애틋한 전우애를 나누며 함께 성장하고 있다. 그렇게 서로에게 마음을 내주며, 우리는 진짜 부부가 되었다.

비록 물질적으로 풍요롭게 해주지 못하지만, 나는 내 남편을 아주 고급스럽고 값비싼 초콜릿이라고 표현하고 싶다. 입에 넣자마자 인공적인 바닐라 향을 풍기며, 어딘가 모르게 버터기름의 느끼함이 맴도는 그런 싸구려 초콜릿이 아닌, 진하디진한 달달함과 크리미하고 꾸덕꾸덕한 질감, 미묘한 단맛이 기분 좋게 어우러진, 남편은 나에게 그런 고급 초콜릿 같은 사람이다. 이제는 남편의 어떠한 단점도 나에게는 중요치 않다.

바위에 단련된 수련의 흔적인가. 이제는 내가 바위가 되었나 보다. 어떤 슬픔도 더는 내 감정을 흔들지 못한다. 나는 남편의 바위보다 더 단단해질 것이고, 이 고난의 시간도 반드시 이겨낼 것이다.

과거 힘들었던 시간들이 주마등처럼 지나가는 그때, 오늘의 고통도 그때처럼 지나가리라. 지금도 누군가가 우릴 손가락질하고 있겠지만, 우리는 늘 그랬던 것처럼 콧방귀를 뀌며, 이겨내리라 확신한다.

"여보."

"응."

"난 그냥 빨리나 늙었음 좋겠어."

"왜?"

"그냥. 난 어른이 되면 울 엄마처럼 다 그냥 밥공기를 맨손으로 잡는 줄 알았다. 경자 이모처럼 빚쟁이들이 쳐들어 와 있어도 밥만 잘 비벼 먹는 줄 알았지. 손에나 속에나 굳은살이 절로 배기는 건 줄 알았는데 난 그냥 다 뜨거워. 맨날 디어도 맨날 아파. 나만 무지랭인가 남들은 다 어른 노릇 하고 사나."

"걔들도 다 어른이니까 다 그러는 척하는 거야."

"난 그냥 빨리나 늙고 싶어. 엄마 노릇이니 각시 노릇, 어른 노릇도 다 처음이라 그런가, 왜 이렇게 다 죽겠고 다 뜨신 줄 모르겠어."

- 넷플릭스 폭싹 속았수다 中 -

꼭 내 마음 같은 드라마라서 볼 때마다 대성통곡을 하였다. 그중 이 대사가 가슴에 콕 박혀 기억이 난다. 인생이 그런 거 아닐까? 데이고 데여도 맨날 뜨시고 맨날 아프다. 굳은살이 저절로 배기는 줄 알았는데, 나는 아직도 어린 기세가 한풀 꺾이지도 않았나 보다. 그래서 나는 빨리 늙고 싶다. 빨리 늙어서 누룽지 밥에 물만 얹어 먹어도, 맛보다 씹을 수 있는 이가 있어 감사하고, 화려하고 멋진 집에서 사는 것보다, 다음날 눈을 떠 하루를 살 수 있음에 감사가 가득한 그런 삶을 살고 싶다.

여준아, 빨리 나와 같이 늙자.

통영은 늘 봄이었다

온유

"통영은 날씨가 완전 봄이야, 봄!"

겨울의 끝자락, 서호시장 '통영시락국밥집' 앞을 지날 때였다. 한 무리의 관광객 중 누군가가 찬탄 섞인 목소리로 외쳤다. 그 말에 피식 웃음이 났다. 사실 나 역시 마음속으로 같은 말을 되뇌고 있었기 때문이다. 아마 윗지방 사람들에겐 통영의 겨울이 봄처럼 느껴졌을 것이다. 한파라는 말이 무색할 만큼, 이곳은 언제나 봄이다.

그랬다. 한겨울, 북을 두드리듯 거센 바람이 전국을 뒤흔들고 있을 때도 통영은 조용히, 포근함을 품고 있었다. 봄은 늘 가장 가까운 곳에서 나를 기다렸다. 봄, 여름, 가을, 겨울은 분명 존재하지만, 그저 계절의 이름표로 나뉘질 뿐 내가 가장 자주 마주하는 통영의 모습은 단연 봄이다. 통영을 둘러보다 보면 느낄 수 있는 온화함이 언제나 봄을 가리키니 말이다. 게다가 바다는 거추장스러운 생각들까지 잠재우며 말없이 속삭인다. '괜한 걱정은 하지 말라'고. 그렇게 통영은, 내게 또 한 번 봄을 선물한다.

나는 주 5일 운전기사다. 아들의 등하굣길을 책임지는 '운전기사'. 왕복으로 거의 한 시간, 6년째 같은 길을 오가며 통영의 사계절을 차창 너머로 마주했다. 무엇보다도 봄은 유독 생생하다. 아들의 중학교는 인평동에 있는 충무중학교였다. 코로나가 한창 심했던 시절, 대중교통을 이용할 수 없어 자연스럽게 등하교를 책임지게 되었다. 그렇게 시작된 운전은 고등학교 진학 후에도 계속 이어져, 지금은 미수동 통영고등학교까지 아들을 데려다주고 있다. 덕분에 나는 해마다, 아니 매일 아침 벚꽃이 흐드러지는 통영의 봄을 만끽하며 하루를 연다.

어김없이 통영대교를 지나며 차창 밖을 바라보았다. 잔잔한 바다 위로 작은 고깃배들이 바지런히 움직이고 있다. '끼룩끼룩' 목적지가 궁금한 갈매기들의 바쁜 날갯짓이 하늘을 가르는데, 그 속에서 격동의 힘마저 느껴진다. 아들을 내려주고 음악 볼륨을 조금 더 올린 뒤, 다른 행선지로 차를 돌렸다.

바람에 섞인 비릿한 바다 냄새가 내 살을 스치더니, 차 안의 쓸데없는 공기를 데리고 다시 반대편 창문으로 빠져나갔다. 이보다 더 상쾌한 아침이 또 있을까? 싶었다. 기분 좋은 아침. 운전기사는 괜히 신이 났다.

저 멀리 푸릇푸릇 늘어선 섬들은 통영의 바다를 품고 있는 듯, 다정한 느낌을 주었다. 일상을 따뜻하게 감싸는 사람들의 마음,

느긋한 시간, 소소한 행복이 바다 풍경 속에 함께 배어 있었다.

내가 무의 맛을 불혹이 넘어서야 비로소 알게 된 것처럼, 통영은 마치 무를 한입 베어 문 듯한 맛이 났다. 슴슴하지만 깊은 단맛으로 영혼을 사로잡는 익숙한 온기. 한 그릇의 시락국밥 속에서도, 벚꽃 터널을 지나던 고요한 차 안에서도, 통영의 봄은 조용히, 그러나 분명하게 스며들었다. 봄비처럼 반갑게, 통영은 언제나 봄이었다.

이날 나의 행선지는 미륵산이 보이는 용화사 방향, 봉숫골 벚꽃 길이었다. '봉숫골 꽃 나들이 벚꽃 축제'를 알리는 현수막이 바람에 펄럭이고 있었다. 잠시 차에서 내려 한적한 봉숫골을 조용히 걷다 보니, 문득 생각이 하나 떠올랐다. '이토록 오랫동안 봄을 선물하던 통영을 왜 진작 느끼지 못했을까.' 누군가의 친절이 뒤늦게야 다정하게 느껴지듯, 통영의 봄도 어쩌면 그랬는지 모른다. 늘 그 자리에 있었지만, 내가 서둘러 지나치느라 미처 알아채지 못했던 따스한 숨결!

그렇게 걷다 보니, 어느새 주차한 곳과 꽤 멀어진 봉숫골 입구에 도착해 있었다. 약간 당황한 채 길을 되짚으려던 순간, 이른 아침 문을 연 카페 하나가 눈에 들어왔다. 반가운 마음에 급히 커피를 주문하고 기다렸다. 모든 것이 순조로웠다. 커피 맛이 상당히 만족스러웠기에 다시 오르는 길은 숨이 차지 않았다.

차에 오르자 따뜻한 커피 향이 코끝을 간질였다. 그 순간, 나도 모르게 나지막이 혼잣말이 흘러나왔다.

"아 벌써 3월이 오는구나!"

커피 향에 섞인 봄기운 같은 혼잣말이었다.

아직 활짝 피지 않아 여린 벚꽃들이었지만, 만개할 모습을 상상하니 올해도 함께할 통영의 봄은 이미 충분했다. 이른 봄의 안부를 건네듯 피어나는 벚꽃의 모습이 자연스럽게 흘러가는 고요한 통영의 풍경 속에 있었다. 산과 바다는 오래된 친구처럼, 어쩌면 이토록 도란도란 조화로울 수 있을까. 누구 하나 튀려 하지 않고, 제 자리를 평화롭게 지키고 있으니 말이다.

어쩌면 나도 모르게, 통영의 풍경을 닮아가고 있었던 걸까. 수평선 위 반짝이는 윤슬을 바라보며 걷다 보니, 어느새 통영에서 맞는 열여섯 번째 봄이 성큼 다가와 있었다.

하지만 처음 마주했던 통영의 느낌은 지금과 사뭇 달랐다. 소금기를 머금은 바람이 얼굴에 닿아 끈적였고, 바다는 잔잔하다 못해 지루한 느낌까지 들었다. 한여름도 아닌데 태양은 타는 듯 내 눈살을 찌푸리게 했고, '쾅' 하고 말을 던지는 듯한 통영 사람들의 거친 말투에 멍이 들기도 했었다.

세월이 흘러 강산이 한 바퀴 반을 돌아서고 나서야 이곳의 진짜 온기를 알아차렸으니, 통영을 늦게 따라간 내 마음이 서운할 일이었다. 속도를 내지 않고, 소리 없이 내 곁에 와 닿았던 통영. 어쩌면 그때의 서투른 봄이 있었기에 지금의 봄이 더 아름답다는 것을 알게 되었는지 모르겠다.

사실, 바다 냄새가 어색하지 않은 나는 부산에서 태어나 자랐다. 바다를 끼고 있지만, 부산은 대도시인지라 유행도 빠르고, 세련된 흐름이 살아 있는 곳이었다. 어릴 적부터 '서울 다음은 부산'이라는 자부심을 안고, 나는 도시의 활기찬 분위기 속에서 자라났다. 애교 많고 예쁜 '부산 여자'—지금도 내 마음속에 선명히 남아 있는 수식어. 그것은 나의 첫 번째 정체성이었다.

그런 내가 통영에 내려온 건, 부모님의 사업 때문이었다. 그래서 어쩔 수 없이 발을 붙인 곳이라는 생각이 컸었다. 아들 초등학교 저학년 때까지만 있다가 부산으로 돌아갈 계획이었기에 이곳은 어디까지나 임시 거처였다. 마음 둘 여유도, 애정을 쏟을 이유도 없었다. 하지만 그랬던 내가 통영을 이토록 아끼게 될 줄이야. 슴슴한 무맛 같더니 이제는 자랑스럽기까지 해서 아무도 묻지 않아도, 먼저 다가가 말한다.

"통영 아세요? 동양의 나폴리말이에요"

토요일 아침, 남편과 자주 가는 서호시장 통영시락국밥집에서 든든한 아침을 먹고 나왔다. 든든하지 않을 수가 없는 게 대충 봐도 스무 가지가 넘는 밑반찬들이 뷔페처럼 수북이 쌓여 얼마든지 먹어보라는 넉넉한 눈길을 주었다.

"마음껏 드세요."

관광객들에게는 중앙시장이 유명하긴 해도 남편과 나는 현지인들이 찾는 서호시장을 더 자주 찾는다. 그 뜻은 통영 사람이 다 되었다는 이야기일 것이다.

시장을 둘러보는데 도다리가 나왔다며 생선가게 아주머니가 우리를 붙잡았다. 겨울을 늠름히 견디고 살이 통통하게 찬 도다리를 번쩍 들어

"이거 지금 쑥이랑 넣고 끓이면 기가 막힌다."

아주머니의 싱싱한 외침에 군침이 돌았다. 바로 옆 굴 가게 이모는 굴이 제철이라며, '바다의 우유'라 불리는 굴 한 소쿠리를 내게 내밀었다. 뚝뚝 떨어지는 바닷물과 함께 굴 껍데기가 사각사각 부딪히는 소리가 시장 골목을 깨웠다.

"이거, 오늘 진짜 싱싱하고 맛있어요. 통영 굴 달다, 달아!"

나는 고개를 끄덕였고, 굴은 비닐봉지에 담겨 조용히 남편 손에 들렸다. 저녁 식탁의 진수성찬을 상상하며 나는 다시 생선가게 쪽으로 몸을 돌려, 비장한 목소리로 외쳤다.

"도다리 한 마리 주세요. 이모!"

그래, 통영에서 봄 제철 도다리쑥국을 모른다면 큰일 날 소리지.

"오빠 내가 오늘 도다리쑥국 맛있게 끓여 줄게"

"응, 영아야. 그러면 쑥도 사야지."

남편이 웃으며 말하는데, 이 상황이 마치 봄 축제의 개막 선언처럼 느껴졌다.

한 블록을 지나자, 옹기종기 모여 앉은 할머니들의 채소 소쿠리들이 눈에 들어왔다. 누가 더 수북하게 담았나 겨루기라도 하듯, 소쿠리들이 일렬로 나란히 줄지어 있었다. 그중에서도 나는 보드랍고 초록빛이 유난히 선명한 쑥 한 소쿠리를 골랐다. 남편 손에 들린 비닐봉지 두 개가 왠지 우리 부부를 닮은 듯했다. 통영의 온기를 머금은 봄철 식재료들이 다정히 붙어 서서, 우리와 함께 길을 걷는 것만 같았다.

길마다 봄이 피어났고, 삶에는 꽃향기가 가득했다. 통영은 나에게 또 한 번의 봄을 안겨주었다.

통영은, 봄이면 바다색이 먼저 달라진다. 푸른 바다의 빛이 햇살에 부서지고 반짝임을 넘어 마치 냄비 속에서 보글보글 끓는 것처럼 살아 숨 쉰다. 윤슬은 어디에도 견줄 수 없는 통영만의 찬란함이다. 한 편의 수묵화이자, 마음속에 고요히 가라앉는 하나의 잔향.

통영은 작다. 하지만 그 크기로는 가늠할 수 없는 이야기를 품고 있다. 한려수도의 푸른 바다, 그 위로 펼쳐진 570여 개의 섬들이 명작처럼 정갈히 놓여 있으니 말이다.

'경건하다'라는 말이 통영엔 이상하리만치 잘 어울린다. 경건하다니. 이곳 통영, 또 하나의 자랑이 자연스레 떠 오르지 않는가? 바로 이순신 장군의 흔적 말이다. '통영'이라는 지명 자체가 '삼도수군통제영'에서 유래했다는 사실을 처음 들었을 때, 나는 조용히 그 단어를 되뇌었다. 통제. 지금은 바다보다 시장이 더 분주해 보이는 이곳에, 한때는 바다 전체를 지휘하던 이순신 장군의 목소리가 울렸다는 것이다. 그걸 생각하면 통영은 이제 갑옷 대신 꽃을 입은 도시 같다.

역시 이곳이 봄이었을 삼도수군통제영, 한산도 바다……. 그 이름만 들어도 가슴 깊은 곳에서 뜨거움이 느껴진다. 그렇게 역사와 어우러진 도시 통영은 자랑스러움이 봄빛으로 물들어 있다.

봄이면 통영은 더욱 빛난다. 만개한 벚꽃이 클래식의 선율을 꽃잎에 실어 나른다. 국제 음악당에서 바다로, 동피랑 마을 골목과 시장으로, 윤이상 음악당으로 흩날려 퍼져 나간다. 선율 축제가 봄바람을 타고 찾아온 것이다. 공연장에 앉아 음악 비를 맞고 있으면 나는 어느새 음악이 되고, 통영이 되고 그렇게 봄비가 된다.

교복 입은 학생들이 보였다. 그러자 문득, 얼마 전 아들의 진로 상담차 서울 대치동에 갔던 때가 떠올랐다. 빽빽한 간판과 길게 줄 선 학원 건물들, 하염없이 학생들을 기다리는 주차된 차와 차창에 비친 학부모의 얼굴, 바쁘게 오가는 학생들, 그리고 상담실 안의 긴장으로 가득했던 공기. 아들의 또렷한 눈빛조차 그곳에선 왠지 주눅 들어 보였고, 나 역시 괜히 숨을 고르게 됐던 시간이었다. 그때 봤던 학생들의 표정은 누가 먼저 도착하느냐에만 집중한 얼굴이었다. 눈은 뜨고 있지만, 마음은 늘 앞을 향해 쫓기고 있었고, 그 속에 '지금, 이 순간'은 없어 보였다.

그런 생각이 스칠 때 통영국제음악당에서 마주한 통영 아이들의 표정은 더욱 선명하게 다가왔다. 그들은 지금 여기에 있었고, 음악을 듣는 시간에 온전히 머물러 있었다. 바다처럼 잔잔하고, 햇살처럼 따뜻해서 아이들의 얼굴을 보며 생각했다. 통영은, 아이들마저 봄처럼 자라는 도시구나.

나는 음악을 듣는 것이 아니라, 그 안에 조용히 스며드는 기분이 들었다. 그래서 통영의 봄은 계절이 아니라, 하나의 공간이고, 시간이며, 온몸으로 맞이하는 노래였다. 눈으로 보는 꽃보다, 귀로 듣는 음악보다, 가슴 깊이 파고드는 울림으로 다가왔다.

통영의 봄이 벚꽃을 실은 음악으로 시작되었다면, 그 여운은 손끝의 무늬로 이어진 듯했다. 이 도시에는 오래전부터 문학이 살아있었다. 김춘수의 시 〈꽃〉, 박경리의 대하소설 『토지』 문학의 언어는 통영의 바다를 기억하고, 사람들의 얼굴을 닮았으며, 고요한 삶의 결을 따라 흘렀다. 붓으로 그린 것이 아니라, 삶으로 채색한 장면들. 그 안에는 통영 사람들의 하루가 스며 있었다. 그리고, 그들의 삶은 봄 햇살처럼 따뜻했다.

얼마 전 큰 감동으로 다가왔던 드라마 '폭싹 속았수다'의 한 장면이 떠올랐다. 주인공 애순의 삶을 상징적으로 표현한 듯한 통영 자개장이 나왔는데, 살림이 나아져 구입한 살림살이 중 가장 비싼 물건이었다. 가장 조용하고도 깊은 예술인 자개장을 화면 속에서 만나니 통영이 다시 자랑스러웠다. 언젠가 나전칠기 체험장을 찾았을 때 장인은 말없이 세월을 붙인 예술 작품을 만든다는 느낌이었다. 오랜 시간과 정성을 들여 조개의 빛을 하나하나 붙여 나가는 작업. 장인의 손끝은 조그만 조개 조각 하나를 맞추고 또 맞추며 그 위를 쓰다듬고 있었다. 겉으로도 반짝이지만, 진짜 아름다움은 그 속에 스며든 '깊음'이었다.

'봄꽃이 피어나기 전 오랜 겨울을 견디는 시간과도 닮았구나'.

그때의 기억이 지금까지도 내 안에 남아 있어서, 자개로 만든 물건만 보면 괜스레 뿌듯해졌다. 눈에 보이진 않지만, 묵묵히 인내한 끝에 깊숙이 다가오는 빛처럼, 통영의 자개에는 인고의 찬란함이 깃들어 있었다. 그래서였을까, 나는 애순의 삶과 통영 자개가 자꾸 겹쳐 보였다. 그 빛은 화려하지 않았다. 대신 은은했고, 오래도록 마음에 남았다. 화려한 외면보다, 그 안에 담긴 마음과 시간이 더 반짝여 보였다. 나는 자개장의 광택을 보며 다시금 통영이 '천천히 빛나는 도시'라는 사실을 깨달았다. 말하지 않아도 전해지는 계절이 있다. 손끝에 닿는 바람, 눈을 감은 채 스며드는 풍경, 이 모든 것들이 조용히 말을 걸어올 때 나는 그 계절을 봄이라 불렀고, 통영이라 기억한다.

통영은 이제 내게 길이 되었다. 지도를 따라 걷는 길이 아니라, 마음이 향하는 길이다. 계절은 천천히 걸으며 나를 다듬어 주었고, 돌아갈 곳이 아니라 살아내는 곳이라고 말한다. 살면서 찾아낸 봄이었고, 앞으로도 우리 가족과 함께 피어날 계절이다. 내일의 시간이 어디로 향하게 되든지 통영은 봄으로 우리 곁에 함께 할 것이다. 부디, 이 봄이 오래도록 통영에 머물기를. 그리고, 가장 따뜻한 계절로 남아주기를…….

'그리하여. 통영은 늘 봄이었다.'

나의 사랑, 클레멘타인

민(旼)

소파에 잠시 앉자, 빛이 하얗게 부서지는 바다가 보인다. 적막해진 집안에 부유하는 먼지까지 멈춘 듯하다. 오늘따라 더 서늘하게. 따뜻한 물 한 잔에 까슬해진 목이라도 축이려고 보니, 정수기 불도 꺼져 있다. 분명 아이들과 함께 나가는 남편을 배웅할 때만 해도, 햇살 가득 마음이 푸근했는데. 올해 여름에 이어 우리는 또 한 번 전기를 잃었다. 이번에는 얼마나 걸리려나······.

신축 아파트에 이사 온 지도 어느덧 열한 달째다. 아직 어수선한 부분들이 사람의 손길을 기다리고 있지만, 곧 나아질 거란 기대와 그에 맞서는 인내심이 팽팽히 맞서 있다.

게다가 가장 시급한 문제가 여전히 제자리걸음이라니. 살다 보면 이런 일들이야 무궁무진한 법, 그럭저럭 살아진다고 스스로를 달래며, 나는 여유를 가장한 채 의연히 버티고 있다.

짜증은 나지만···말이다.

백색 소음이 하루 종일 끊이지 않던 집안에 느닷없이 소리가 사라졌다. 사방이 너무도 고요하다. 가족의 건강이 가장 중요하다고 생각했는데, 우리가 건강하게 살려면 그냥저냥 필요한 것들이 너무 많은 것 같다. 그중 나는 정말 어이없게 전기를 잊고 있었다. 전기가 끊기니 소리가 사라지고, 물도 나오지 않는다. 단수로 인해 청소도 중단되고, 냉장고 문도 바위가 되어 버렸다. 전기가 돌아오길 기다리며 커피라도 한잔할까 하고 캡슐을 끼우니 역시 멍텅구리. 나의 오전 루틴이 깨지고 있다. 소리와 진동이 사라진 진공 상태가 이럴까? 시간마저 멈춘 것 같다. 우두커니 초점을 잃은 채 서 있자, 순간 아주 오래전 산속에서 마주친 다람쥐의 청초하고 커다란 눈망울이 생각났다. 전기가 없던 몇 주간의 산속 생활이 마치 지금의 모습과 대비되는 듯 불현듯 떠오른 것이다. 해가 지는 줄도 모르고 잡풀과 꽃이 핀 산야를 뛰어다니던 어리고 철없던 내 모습에 볼웃음이 피어났다. 어떻게 그렇게 지냈을까?

넓고 넓은 바닷가에 오막살이 집 한 채,
고기 잡는 아버지와 철모르는 딸 있네.
내 사랑아 내 사랑아, 나의 사랑 클레멘타인

가을 산바람을 따라 금빛 들판이 물결치듯 굼실거린다. 내 마음도 갓 구운 빵처럼 부드럽게 부풀어 올라, 포근하고 말랑해졌다. 어린 시절, 내가 입산해 지냈던 곳은 외할아버지의 사유지였고, 그

곳에 잠시 머물 수 있었던 건 어머니의 낭만적인 일탈 덕분이었다. 산에 오를 때마다 어머니가 불러주셨던 '클레멘타인'도 잊을 수 없다. 딸들의 이름을 넣어 살짝 개사하셨기에, 나는 한참이 지나서야 그 노래의 진짜 제목을 알게 되었다.

그 무렵, 아버지가 무척 즐거워하셨던 모습도 떠올랐다. 그럴 만도 하다. 강원도에서 나고 자란 아버지가, 바다를 끼고 있는 낯선 도시 통영에 뿌리를 내리며 가장 먼저 내려놓은 것은 바로 고향, 그리고 산이었을 테니까. 어머니의 낭만은, 아마도 그런 아버지를 위한 조용한 배려였으리라.

-지(芝)야, 재(才야)! 산에 가자.

아버지가 그렇게 환하게 웃는 것을 본 적이 없었다. 함박 웃으며 우리에게 한 첫 마디였다. 얼마나 신나셨는지, 우리는 그 어떤 질문과 '싫어요.'라는 말을 할 수 없었다. 아버지의 표정이 말해 주고 있었기 때문이다. '소중한 추억이 되겠구나.' 넓은 어깨 위에 동생은 목말 태우고, 나는 아버지의 오른손을 꼭 잡았다. 산꼭대기 위로 해가 높게 걸리고, 가을바람이 선하게 불던 날 우리는 산으로 출발했다. 손바닥에 땀이 송송 올라올 즈음 나는 슬그머니 아버지의 손을 놓고서, 바람결에 땀을 말렸다. 그리고 다시 아버지 손을 잡기 전에 손바닥 냄새를 맡아보았다. 사탕 녹은 단내가 아버지의 땀 냄새와 섞여 남아 있었다. 아버지를 한번 올려다보고, 서늘해진 손바닥을 아버지 손에 대자 아버지가 깜짝 놀라 하셨다. '손이 아주 차구나.' 그러고선 내 손을 주먹 쥐게 하고는 빈틈없이 꼭 감싸주셨다. 아버지의 손은 늘 따듯했기 때문에 곧 내 손에도 온기가 차올랐다.

저벅저벅 산길을 따라가며 아버지는 우리에게 산 이야기를 들려주셨다. 치악산에 눈이 쌓이면 얼마나 예쁜지, 단풍은 또 얼마나 절경인지.

"흰 눈에도 사람이 탈 수가 있거든, 빨간 태양에만 가맣게 타는 게 아이라. 너희들 엄마를 처음 만났을 때 내 얼굴이 너무 까매서, 강원도 촌놈이 밭일하다 그리된 줄 알았더랬어."

"치악산 눈밭 위에서 비니루 포대 깔고 썰매를 얼마나 탔는지, 나중에는 교복 바지가 닳아서 구멍이 났었지. 허허. 찢어지게 가난해서 교복 살 돈은 없는데 그래 만들어놨다고 어린 나는 할머니한테 맞을까 봐 도망 다니며 혼났었지."

배고팠던 시절, 나무 옆에서 자라는 버섯이 얼마나 맛있는 반찬이 되었는지 아버지는 이야기해 주셨다. 그래서 아버지가 말린 나물과 버섯을 그렇게도 좋아하셨나 보다. 산행이 능숙했던 젊은 시절의 아버지는 주변을 휘휘 둘러보며 능숙하게 거처를 찾아내셨다. 황토를 벽이며 천장에 지푸라기와 함께 마구 발라 말린 허술

한 오두막 같은 곳이었는데, 내가 지금도 기억하는 건 햇볕에 잘 말라 은은하게 퍼지던 풀 내음이었다.

아버지는 집에서 챙겨온 먹거리를 부뚜막에 정돈해 두시고, 서둘러 아궁이에 불을 지펴 손수 밥을 지어 주셨다. 바람결을 느끼며 주변을 둘러보니, 밤나무에 밤송이가 많이도 달려 있어 퍽 귀여웠다. 잘 익어 떨어진 밤송이를 아버지가 두 발로 벌려 밤알을 꺼내 주시면, 나는 한동안 그것들을 만지며 보석처럼 귀한 것인 양 광주리 안에 수북이 모으면서 놀았다.

어머니가 밤을 칼로 예쁘게 깎아서 주시면, 생율 몇 알을 오독오독 씹어 먹기도 하고, 졸졸 나오는 약수를 참을성 있게 받아다가 밤밥도 지어 먹었다. 산나물로 반찬을 만들어 잔디 위에서 사이좋게 비벼 먹었던 기억도 떠오른다. 따사로운 햇살을 반찬 삼아, 온 가족이 둘러앉아 달그락달그락 양푼을 긁으며 참기름 향이 고르게 밴 풀밥을 나눠 먹던 아름답고 맛있는 추억이었다.

아버지가 어느 한가로운 날에는 강아지풀이나 토끼풀 같은 잡풀을 꺾어다가 화관이나 반지도 만들어 주셨는데, 어머니와 우리 자매를 나란히 앉혀 두고 풀을 엮으시던 아버지의 표정을 지금도 잊을 수 없다. '토끼풀 반지 만들어서 끼우니 토끼 같구나' 아버지의 푸근한 미소를 보며 나는 행복했다. 마치 행복이라는 민들레 씨앗이 내 몸 구석구석으로 흩날리는 듯했다. 산에서 가족들과 함께한 시간은 더할 나위 없이 행복했고, 모든 것이 포근했다. 전기가 없어도 불편할 새 없이 나를 사로잡는 것들이 풍부했기 때문이다. 갓 지은 밤밥의 김처럼 기억이 훅 퍼져 오르는 동안 나는 전기를 잊었다.

추억 속 오두막은 단순하고 초라했지만, 갑자기 사라진 편리함 속에서 나는 그 시절 잠시 산속에서 살던 기억을 회상하며 현실을 잊었다. 전기도 없던 그곳 생활이 별로 불편하지 않았던 것은 가족과 함께였기 때문이리라. 밤이면 촛불에 의지해 방안에서 두런두런 이야기를 나누고, 새벽이 오는 줄도 모르고 잠이 들었다. 나를 보호해 줄 부모님이 곁에 있어서 나는 까만 밤이 두렵지 않았다. 오히려 밤하늘에 흩어진 별 무리를 올려다보며 우리는 귀여운 말장난을 잘도 쳤다.

"별사탕이 하늘에서 후두두 쏟아질 거 같지 않아?"

"이불을 펼쳐서 받을까? 아암, 맛있겠다!"

'띠리리링' 냉장고 작동음이 들린다. 드디어 전기가 혈관 속 혈액처럼 우리 집으로 돌아 들어오고 있나 보다.

'아 다행이다. 이 불편함을 나 혼자 겪어서 다행이구나!'

전기가 돌아오고 소음이 다시 들리기 시작했다. 집안의 각종 기기가 돌아가기 시작하자, 내 몸속에도 다시 생기가 돌았다. 멈춰 있던 모든 것이 제자리를 찾아가는 듯 자연스러웠다.

　전기가 멈춘 사이, 나는 40년 전으로 시간여행을 다녀왔다. 어머니가 '나의 사랑, 클레멘타인'이라고, 내 눈을 맞추며 불러 주셨던 노래가 여전히 귓가에 남아 있다. 부모가 되고서야 비로소 그게 무슨 뜻인지 알게 된 걸까. 입가가 슬며시 벌어지며 눈가가 습해진다. 물먹은 눈으로 고개를 숙이니, 책장 위로 글자가 잘 보이지 않는다. 한 방울, 두 방울. 말이 필요 없이 그저 그리웠다고. 소중한 부모님은 나와 내 아이들과도 같은 시간을 함께 보내왔고, 보내고 있다는 것을 나는 전기처럼 잊고 있었나 보다. 잠시 불편했던 순간이 이렇게 소중한 선물을 주고 갔다니. 곧 집으로 올 녀석들에게 나도 내 어머니처럼 눈을 맞추며, 이 노래를 불러 줘야겠다. 너희들이 그 무엇보다 소중하다는 마음을 담아서.

내 사랑아, 내 사랑아
나의 사랑, 클레멘타인.

고요함에 머물다

지인

어느 가을 오후, 따스한 햇살이 어깨를 살며시 쓰다듬고, 살랑이는 바람이 불어와 세상이 한결 부드럽게 느껴졌다.

날씨가 너무 좋아 해안 도로를 따라 걷다가 벤치에 앉았다. 바다는 잔잔했고, 수면 위에는 하늘이 고스란히 비쳤다. 바람이 살며시 뺨을 스쳤고, 고독을 아는 새 한 마리가 한참 동안 바다 바위 위에 앉아 바다를 내려다보고 있었다. '고독을 아는 새야 너는 무슨 생각을 하고 있니?' 고독을 아는 새가 나와 닮아 보여 나도 모르게 관심이 생겼다. 나는 그 새처럼 자주 멍하니 자연을 뚫어져라 바라본다, 자연을 좋아하기에 그 풍경을 모아 눈동자 깊숙이 담았다. 말없이 자연을 담다 보니 내 마음에 평온이 찾아왔다, 그로 인해 마음이 고요해지는 것을 느꼈다. 어떤 말도 필요 없는 평화. 그 순간이 나는 좋다.

예전엔 고독과 외로움의 경계를 제대로 알지 못했다. 고독은 왠지 부정적인 단어 같았고, 외로움은 누구에게나 있는 감정이라 여겨 가볍게 여겼다. 하지만 지금은 안다. 외로움은 마음의 틈에 스며들어 아무 의미 없이 흐르기도 하지만, 고독은 오히려 의미를 깨우는 고요한 선물임을. 고독은 불쑥 찾아와 내 안을 비추고, 잊고 있던 나 자신과 마주하게 한다.

사람들과의 만남 속에서도, 뜻깊은 배움이 있는 자리에서도 나도 모르게 고독을 떠올릴 때가 있다. 누구와 있어도 채워지지 않는 작은 틈, 그것이 고독이라면, 나는 그 틈을 두려워하지 않기로 했다. 오히려 혼자 있는 시간이야말로 내 마음이 가장 편안해지는 시간이다. 뭔가를 하지 않아도 괜찮은, 멍하니 앉아 마음 안쪽을 들여다볼 수 있는 그 고요함. 고독은 그렇게 나를 비워내며 다시 채운다.

고독을 좋아하는 나지만 산속에 들어가 살 수 있을 만큼 강하지는 않다. 겁이 많고, 사람의 온기를 좋아하기에 고독을 완전한 고립이라 말할 수는 없다. 그러나 나는 이제 안다. 고독은 회피가 아닌 선택이 될 수 있다는 것을. 삶이 너무 시끄러울 때, 고독은 쉼표가 되어 준다.

사람들과 어울리며 살아가면서도, 나는 점점 더 투명한 존재로 살고 싶다는 생각을 하게 되었다. 너무 솔직한 나머지 때로는 상처를 주기도 하고, 엉뚱한 대답을 하기도 한다. 빙빙 돌려 하는 말을 잘 알아듣지 못해 오해를 사기도 한다. 그럼에도 나는 숨기지 않기로 했다. 감추는 일이 오히려 더 고단하다는 것을 이제는 알기 때문이다.

내가 원하는 건 단 하나. 내가 어떤 모습이든 그대로 받아들여 주는 사람. 내가 부족해도, 엉뚱해도, 나라는 사람을 있는 그대로 바라봐 주는 너그러움. 그런 사람이 있다면, 다른 건 아무것도 필요하지 않다. 그런 관계가 내 삶에 있다면, 나는 외롭지 않다. 고독 속에서도 따뜻할 것이다.

나는 애정을 쉽게 놓지 못하는 사람이다. 좋아하는 사람이 생기면 오래도록 그 사람 곁에 머물고 싶고, 손에 익은 물건 하나도 쉽게 버리지 못한다. 그렇게 오래도록 변하지 않는 것들을 좋아하며 살아왔다. 변화는 언제나 어색하고 조심스럽다. 그러나 삶은 언제나 변하고, 나는 그 안에서 고독을 배우며 조금씩 단단해지고 있다.

자연은 변함이 없다. 계절이 오고 가도 제 할 일을 묵묵히 해낸다. 나는 그런 자연처럼 살고 싶다. 매일 같은 자리에서, 같은 진심으로, 성실하게. 그렇게 살아간다면 나도 누군가에게 고요한 위로가 될 수 있지 않을까.

고독을 두려워하지 않기를. 고독 속에서 나를 더 깊이 만나고, 그 만남이 삶의 방향이 되어 주기를. 고독은 나의 약점이 아니라, 나를 비추는 빛이 되었다.

이제 나는 안다. 고독은 슬픔이 아니라, 나를 가장 나답게 만드는 침묵의 선물이라는 것을.

설탕 한 수저, 추억의 주술

글보샘

"설탕에 굴려 드릴까요?"

세상에, 설탕을 뿌려주는 것도 아니라 굴려주겠다니! 가슴이 두근거렸다. 고개를 끄덕거리자 점원이 핫도그를 설탕 함지에 넣어 도르르 굴려 내놓는다. 허니머스타드, 치즈머스타드, 파마산 치즈 가루. 바구니에 가득 담겨 있는 소스를 무시하고 토마토케첩만 한 줄 뿌려 입안에 넣는다.

입안을 꽉 채울 만큼 핫도그를 베어 물고 천천히 씹으면 따끈하고, 바삭하고, 포근하고, 달달한 맛이 침샘을 자극한다. 케첩이 혀에 스며드는 순간의 새콤달콤함과 와사삭, 아사삭 씹히는 맛있는 장단까지. 이 모든 맛이 입안에서 어우러지면, 핫도그를 하나만 먹고는 견딜 수가 없다. 설탕에 굴린 핫도그 위에 빨간 케첩 한 줄은 하얀 눈밭에 장미 꽃잎처럼 강렬한 색채 대비를 불러온다. 시각과 미각이 어우러져 다채로운 조화를 이루면, 우리는 천천히 발걸음을 옮기게 된다. 잊고 지냈던 달콤한 추억 속으로.

'설탕'이란 말에 가슴이 두근거렸다면 설탕 과잉의 시대가 생각난 것이다. 국경의 긴 터널을 빠져나오자, 설국이 펼쳐졌다고 한 소설의 멋진 장면처럼 기억의 긴 터널을 거슬러 올라가면 설탕 과잉의 시대가 나를 향해 손짓하고 있다.

잠을 자다가도 무의식중에 눈이 내리는 걸 알 수 있었다. 어릴 때는 비가 오거나 눈이 내리는 걸 일기 예보 없이도 알 수 있는 신비한 능력이 있었다. 차갑고 상쾌한 기운이 코끝을 가볍게 스치면 따뜻한 이불을 벗어나 창문을 열었다.

하얀 세상, 거리가 눈으로 가득했다. 맨발로 살금살금 걸어 밖으로 나가면 보슬보슬하고 차가운 눈이 발가락 사이를 파고들었다. 눈 속에 파묻힌 우유를 손에 쥐고 집 안으로 들어오면 손가락 발가락이 간질간질하고 얼굴이 후끈거려 웃음이 나왔다.

하얀 눈이 내린 날이면 우유를 기다렸다. 병에 담겨 배달된 고소한 서울우유. 종이 뚜껑을 잡아당기면, 살얼음이 된 하얀 우유 덩어리가 눈처럼 솔솔 컵에 담겼다. 엄마는 그 위에 설탕을 아낌없이 뿌려주었고, 우리는 달콤한 눈을 한 컵 가득 마셨다고 재잘대며 시끄럽게 웃어댔다.

대지 위를 조용히 덮는 흰 눈처럼, 한때 엄마의 모든 요리에는 설탕이 뿌려졌다. 지역에 따라 적설량이 다른 것처럼 요리에 따라 설탕 양도 달랐다. 딸기잼에는 컵으로 듬뿍듬뿍, 갓 튀긴 누룽지 위에는 진눈깨비처럼 솔솔, 토마토나 감자 위에는 함박눈처럼 펑펑. 가끔 집에서 만들어 먹는 달고나는 이름처럼 달콤해서 모든 걱정을 한방에 사르르 녹여주는 만병통치약이었다.

먹어도 먹어도 배가 고프다는 사 남매를 위해 엄마는 누룽지를 노릇노릇 바삭하게 튀겨서 설탕을 몽실몽실 뿌려주었다. 입안에서 침과 어우러져 고소하게 퍼지는 누룽지의 풍미는 겨울밤 허기를 달래기에 부족함이 없었고, 씹을 때마다 울려 퍼지는 아다닥, 아다닥 소리는 우리를 소소한 즐거움에도 마음을 열 줄 아는 사람으로 길러 주었다.

김이 무럭무럭 나는 알감자를 통째로 입에 넣었다가, 너무 뜨거워서 뱉어낸 기억도 달달한 여운으로 마음 깊숙이 스며들었다. 뜨거운 감자를 밥그릇에 넣고 꾹 눌러 으깨면, 엄마는 그 위에 설탕을 뿌려주었다. 설탕을 뿌린 간식은 엄마의 손길 위에서 더욱 달콤해졌고, 가족들의 깔깔거리는 웃음소리와 섞여 행복의 주술처럼 내 기억 속에 녹아내렸다.

힘들어도 힘들다고 할 수 없을 때. 나의 존재가 미세먼지보다 작게 느껴져, 그냥 어디론가 숨어버리고 싶을 때. 나는 설탕 과잉의 시대로 돌아간다. 따뜻했던 추억을 모아 상처가 치유될 때까지 천

설탕 한 수저, 추억의 주술

천히 음미하면 삶을 지탱할 수 있는 힘을 얻을 수 있기 때문이다.

가끔 고달픈 하루가 나를 흔들 때, 토마토를 얇게 자른 후 그 위에 설탕을 뿌려 먹는다. 설탕이 녹아내린 토마토 국물을 한 수저 맛보고 나면 잊고 있었던 추억들이 미각 세포를 하나하나 자극해 나를 행복한 시간으로 안내한다.

설탕이 비싸서 못 먹던 시절, 그 시간을 견뎌온 부모 세대가 설탕 과잉의 추억을 자식들에게 남겨주었다. 몸에 좋지는 않지만, 추억을 소환해 오는 달달한 그리움. 우울이 가득해져 나를 삼켜버릴 것만 같은 시간이 다가오면 설탕 봉투를 찾는다. 가끔은 설탕 과잉의 시대로 돌아가 걱정 과잉의 시대를 훌훌 털어내고 싶어서.

스쳐 간 마음에 말을 건다

벽에 부딪힌 메아리

온유

부드러운 바람결에 마음이 살랑이는 걸 보니, 내 안에 봄이 슬그머니 찾아온 걸까?

긴 겨울이 물러가고, 잠결에도 따스함이 배어드는 아침이었다. 이불 속엔 밤새 머물던 체온이 여전히 남아 있어 포근했다. 유난히 따뜻한 기분에, 나는 바쁜 아침을 두 손으로 끌어안아 다시 눕고 말았다. 고개를 살짝 돌려 테라스 밖을 바라보니, 연둣빛 새싹 하나가 조심스레 얼굴을 내밀고 있었다. 미세한 바람결에 몸을 맡긴 여린 잎은 어제보다 한 톤 밝아진 듯했다. 한가로이 떠가는 구름 아래, 문그로우 잎새가 산들거렸다. 언뜻 흔들리는 잎의 떨림이 허공에 흩어졌던 어제의 기억을 조용히 불러냈다.

지하 주차장 입구, 큼직한 차 한 대가 길을 오래 가로막고 있었다. 동승자들을 내려주는 것 같아 멈춰 서 기다렸다. 두 손 가득 짐을 들고 있던 나는, 겨우 숨을 고르며 출입문 앞에 도착했다. 차에서 내려 엘리베이터 앞에 먼저 서 있던 엄마와 어린아이가 입구 유리문 너머로 나를 동그랗게 바라보았다. 시선이 닿지 않았더라도, 반갑게 인사를 건넬 참이었다. 요즘은 어쩐지 쑥스럽고 낯선 말이 되어버렸지만, '이웃사촌'이지 않은가. 다들 바빠서 무색해진 단어지만, 나는 어딘가 구식 정서를 품은 사람이다. 작은 배려나 가벼운 인사가 쌓이면 관계도 물결처럼 퍼진다고 믿는 쪽이니까.

생색을 내려는 건 아니지만, 조금 전의 기다림엔 '고마워요' 하는 따뜻한 한마디가 제격이라 생각하고 있었다. 무거운 짐을 들고 기다린 시간이 그 한마디에 가벼워질 줄 알았다. 그런데 돌아온 건 침묵뿐이었다. 문은 열리지 않았고, 유리문 너머 그들은 조금의 움직임도 없이 그저 멀뚱멀뚱 바라볼 뿐이었다.

'아니, 그런데 문 쪽으로 다가와 주지 않네. 짐이 이렇게 많은데'

꽉 닫힌 문 앞, 나는 바닥에 짐을 내려놓고 비밀번호를 누른 뒤 다시 짐을 챙겨 들었다. 그 순간, 공기가 낯설게 느껴졌다. 유리문 하나를 사이에 두고, 나는 밖에 있고 그들은 안에 있었다. 딱 그만큼, 말이 묻히기에 적절한 거리였다.

'그래도 입구를 차로 막은 게 미안할 테니까 내가 더 괜찮은 척 해 줘야지.'

"어. 안녕하세요~."

반달눈과 한층 올라간 입꼬리는 이웃 아주머니가 귀여운 꼬마에게 주는 온기였다. 목소리는 유쾌한 트럼펫처럼 울려 퍼졌지만, 돌아온 건 무거운 정적뿐이었다. 묵묵부답. 분명 그들 앞에 서 있는데 보이지 않는 존재가 되어 버렸다. 그 순간 나는 공기처럼 사라지고 말았다. 예상치 못한 상황이 놀랍고 당혹스러웠다. 나의 무안함은 길을 잃었고, 시선은 이리저리 방황하다가 숫자 버튼에 겨우 멈췄다. 잠깐의 정적이었지만, 마음속엔 거센 감정의 파도가 밀려들었다. 순간 몸 깊숙한 곳에서 작은 불덩이가 생기더니 셋이 탄 엘리베이터에서 불씨가 검게 타올랐다. 가벼운 불씨가 분노의 바람을 타고 화염이 되어 나를 삼킨 것이다.

'말 한마디 안 하던 그 눈빛. 인사성 없던 아이'

비슷한 아침 시간, 핸드폰에 늘 얼굴을 파묻고 한 번도 내 인사에 반응하지 않던 그 아이! 같은 층이다! 엘리베이터가 멈춘 숫자를 바라보는데 뜨거운 숨이 새어 나왔다.

'그럼 그렇지! 딸도 인사성이 없더니, 역시 그 부모에 그 자식'이라는 오지랖 섞인 판단이 마음속에서 거칠게 타올랐다. 그렇게 내 안에서 누가 시도도 안 한 재판이 열렸다.

왜곡된 추측이 마음속 메마른 결을 타고 들어 불쏘시개처럼 번져가기 시작했다. 불길은 쉬이 꺼질 줄을 몰랐다. 엘리베이터에서 내릴 즈음, 입 안엔 씁쓸함이 고였다. 마침내 현관문이 열리고 찬 바람을 맞은 내 양 볼은 달아올라 벌겋게 물들었다. 냉수 물이 가득 담기기가 무섭게 컵을 들어 벌컥벌컥 마셨다. 좁디좁은 속에 물을 들이부은 탓일까. 물에 명치를 얻어맞은 듯 털썩 소파에 주저앉았다. 한참을 멍하니 있다가, 문득 소파 테이블 위 책 한 권이 눈에 들어왔다.

'산에는 꽃이 피네'

작년부터 책 수업을 함께하는 옆 동에 사는 영미 언니가 새해 선물로 건넨 책이었다. 아파트 엄마들끼리 결성한 책 모임 '모모의 숲'의 수장이 절판된 책을 선물했을 때는, 다 이유가 있을 거라 여기며 『산에는 꽃이 피네』를 천천히 되새기며 읽고 있었다. 책 곳곳에 빼곡히 그어진 밑줄들은, 법정 스님의 말씀 중 마음에 새겨진 글귀에 '성찰'을 담아 표시해 둔 것이었다. 하루를 맑게 시작하고 싶었던 마음 때문인지, 밑줄이 많았다.

불과 한 시간도 지나지 않아 흐려졌던 내 마음에 스님의 말씀은 이 살며시 날아왔다. 그리곤 화염에 휩싸였던 내 양 볼을 온화하게 감싸 어느새 마음에 꽃이 피어나게 하더니 진정을 시키는 것이다. 그 구절은 한 줄기 바람처럼 천천히 가라앉았다.

'삶의 질이란 도대체 무엇이겠는가? 그것은 따뜻한 가슴에 있다. 진정한 삶의 질을 누리려 면 가슴이 따뜻해야 한다. 세상을 살

아가면서 가장 마음 써야 할 것은 만나는 이웃에게 좀 더 친절해지는 것이다. 내가 오늘 어떤 사람을 만났다면 그 사람을 통해서 내 안의 따뜻한 가슴이 전해져야 한다. 그래야 만나는 것이다. 우리가 마음의 문을 닫고 옹졸하게 산다면 그만큼 비좁아지고 옹색해진다. 마음을 활짝 열고 누군가에게 친절하고 사랑한다면 그만큼 자기 자신이 선한 기운으로 활짝 열리게 되는 것이다. 누군가를 기쁘게 해주면 나 자신이 기뻐지고, 누군가를 언짢게 하거나 괴롭히면 나 자신이 괴로워진다. 이것이 바로 마음의 메아리이다.'

'마음의 메아리'라는 글귀는 다시 마음을 잔잔하게 하더니 주위의 좋은 이웃을 떠오르게 했다. 수원에서 국어학원을 운영하다, 은퇴 후 살 세컨 하우스를 찾던 중 미세먼지가 적은 통영으로의 이사를 결정한 영미 언니 부부가 가장 먼저 생각났다. 마침, 그날 미세먼지 측정이 가장 좋음으로 나온 게 얼마나 다행인지 모른다. 허둥대던 고3 엄마에게 후회보다는 방도를 찾게 한 고마운 이웃이다. 또, 한의사 남편을 둔 에너지 넘치고 만능인 민서 씨 덕에 한방 소화제, 연고, 파스는 팬트리에 가득하고, 이름이 같아 더 반가웠던 농장 주인 지영 씨가 주는 싱싱한 과일은 아침마다 생기를 더한다. 이번에 딸이 초등학교에 입학한 은선 씨는 갓 잡은 귀한 굴을 가득 담아 남편을 시켜 문 앞에 자주 두고 가고, 외동아들을 둔 혜림 씨는 동병상련의 마음으로 외로웠을 고3 아들을 위해 엄마인 나보다 먼저 기도를 시작해 주었다. 나처럼 백화점을 좋아하는 4층에 민정 언니는 오픈런까지 해가면서 런던베이글을 내게 안겨줬었다. 그리고, 15층에 사는 피를 나눈 나의 자매님은 존재만으로도 든든한 이웃으로 있다. 전기세 폭탄을 맞고 당황한 나를 위해 한전에 대신 알아봐 주고, 이웃 간 층간 소음을 서로 걱정하고 해결책을 찾는 따뜻한 온기들이다. 더 많은 이웃이 이렇게 마음으로 닿고 있는데 아침의 일은 넉넉하지 못한 시선이었다.

무엇이 그리 감정을 상하게 했을까? 생각보다 별거 아니었는데……. 내 하루를 한 걸음도 내딛지 못하게 했었다. 어찌 보면 어색함과 무안을 피하고자 억지로 보였던 내 입꼬리, 웃음, 의미 없는 인사에 되울려 오는 소리를 꼭 들었어야 했나? 그 짧은 순간의 침묵이 왜 그렇게 나를 흔들어 놓았던 걸까? 생각은 다시 내 안을 파고들었다. 솔직해지자. 나는 어땠었나. 엘리베이터를 타려 할 때 밖에서 들리는 발소리를 외면하고 닫힘을 재빨리 누른 일, 귀신이라도 본 듯 기다리고 서 있는 사람을 피해 발소리를 줄이고 느리게 걸으며 마주치지 않길 바랐던 일 등이 떠올라 헛헛했다. 그리곤 부끄러움이 내 마음 한구석을 찔렀다. 나는 따뜻한 사람이라 믿고 있었지만, 생각보다 좁았다. 아무 말 없는 눈빛 앞에서 쉽게 단정했고, 타인을 너무 빠르게 재단했다.

　우리는 서로 가까운 곳에서 살아가지만, 가끔 마음은 멀리 두고 살아갈 때가 있다. 매일 같이 마주치는 익숙한 얼굴들은 나의 이웃일까 스쳐 지나는 시선일까? 이런 거리감이 나를 붙잡았었다. 어쩌면 나 역시 누군가에게 무심했을지 모르는데… 결국, 이웃을 만나지 못한 나와, 이웃이 되어 주지 못한 나만 홀로 남은 것이다. 메아리는 말했다. 내가 겪은 당혹은 누군가의 불편일 수 있고, 내 분노는 누군가의 하루를 모르는 데서 비롯된 착오였을지도 모른다. 사람은 반응 없이도 다정할 수 있어야 한다. 내가 던진 인사가 돌아오지 않아도 내 마음이 먼저 다녀왔다면, 그것으로 충분한 날도 있다고.

'좁은 여울에 갇히지 마.'

　우리 아파트는 건설사의 부주의로 입주 때부터 잡음이 많았다. 그로 인해 입주민 단톡방에는 크고 작은 하소연이 쉴 새 없이 올라왔는데 그럴 때면 '어디 가나 처음은 항상 혼란스러운 법'이라고 희미하게 받아들였다. 심지어 단톡방에 희망을 늘 적어두는 긍정적인 이웃이 바로 나! 하지만 얼마 못 가서 내 안의 좁음을 이번 일을 통해 들켜버린 것이다. 우여곡절의 새 아파트에 아직 여유가 없어

신경이 곤두선 이웃이었는지 모른다. 그저 낯가림이 심한 아이였을지도, 예의를 모르기보다는 내성적인 성격이었을지도 모른다. 그러나 나는 그것을 무례함으로 단정 짓고, 좁은 여울 속에 나를 가두었다. 다행히 내 안의 메아리가 깨어나 외쳤다. 좁은 여울을 벗어나 바다로 나아가라고.

가볍게 흔들리는 나뭇잎과 따뜻한 햇살은 비좁고 옹졸했던 어제의 나를 녹이며 봄처럼 새롭게 했다. 기지개를 쭉 펼친 후 길게 풀어헤친 머리카락을 단정하게 묶으면서 테라스로 나왔다. 은근하게 퍼져 나온 이웃집 된장찌개 냄새가 순간 평온함을 느끼게 해주는 것이다. 마치 새로 출시된 디퓨저 향이라도 되는 듯 눈을 감고 음미했다. 요란했던 어제의 울분은 한 끼 식사만큼 사소해졌다. 이처럼 하루면 사그라들 일인데 스스로 벽을 쌓고 말이다.

책상에 앉아 펜을 들었을 즈음 벨 소리가 울렸다. 서울에서 대학에 다니고 있는 언니네 둘째 딸 유진이었다.

"이모 뭐 하고 있어? 나 주말이라서 통영 왔어! 이모 집으로 올라갈게."

"어, 이모? 에세이 쓰는 중이야 그래, 올라와."

"글까지 써? 대단하다 우리 작은이모! 내용이 뭔데?"

"하하 어제 지하 주차장 입구에서 있었던 일인데. 있잖아…."

"아니, 이모! 인사 한번 안 받아 줬다고 화가 났다고? 그래서 에세이까지 쓰는 거야? 푸 하하!"

'그런가? 한번이 아니었는데.'

조카의 폭소에 멋쩍은 웃음이 나더니 민망한 마음은 결국 얼굴을 화끈거리게 했다.

"안 그래도 이모 반성했어, 그래서 글로 남기는 중이야."

조카에게 건넨 말은, 사실 내 마음을 향한 말이기도 했다.

나는 가끔 누군가의 말이 가슴에 오래 걸려 돌아온다는 걸 느낀다. 정확히는 말이 아니라 '마음'일 것이다. 인사를 건넸는데 돌아오지 않았었다. 순간, 마음은 작아지고 하루는 길어졌다. 아무 일도 아닌 듯 웃고 지나갔지만, 문득문득 그 장면이 떠오르고 엉켜 있던 말들이 마음속에서 천천히 머물렀다. 예전의 나는 모든 인사가 제시간에 돌아와야 정당하다고 믿었다. 하지만 눈빛이나 손끝처럼 아주 작고 미세한 움직임으로 조금 늦게 도착하는 마음들이 있다.

어느 비 오는 저녁, 현관 앞에 잘못 놓인 아랫집의 택배 상자를 대신 내려준 적이 있다. 아랫집이 이사는 온 것 같았는데 인사는 나누지 못했던 상황이었다. 층간 소음도 신경이 쓰이고 걱정되어 작은 과일상자와 짧은 인사 쪽지도 함께 두고 왔다. 다음 날 아침, 문 앞에는 선물과 손 글씨 쪽지 한 장이 놓여 있었다. 빗방울 자국이 남은 종이 위로 적힌 '고맙습니다'라는 말이, 톡톡 내 마음을 두드렸다. 단비처럼 달콤하게 스며드는 이웃의 온기였다.

"반가워요. 저도 인사하고 싶었는데 먼저 인사해 줘서 고마워요."

이 말이 내 마음을 오래 두드렸다. 누군가는 아직 말을 꺼낼 준비가 안 된 것일 뿐. 그들의 침묵은 무관심이 아니라, 그저 말보다 늦게 도착하는 다정함이었다. 그때 나는 말은 소리로만 오는 게 아니구나. 기다림과 눈짓으로 조심스러운 발걸음도 말이 될 수 있겠구나 싶었다.

화가 잦아든 자리엔 늘 쓸쓸한 물결이 남는다. 다 흘러가 버린 감정일 텐데도 문득 돌멩이 하나가 던져지듯 마음이 철렁할 때가 있다. 그건 대체로

'아, 그때 내가 너무 좁았구나' 싶은 순간이다.

돌이켜보면, 나도 누군가의 목소리를 지나쳤을지 모른다. 물결은 혼자 이는 게 아니다. 작은 인사 하나와 놓치고 지나친 눈빛 하나, 혹은 들리지 않았던 말들이 모여 메아리로 일렁이면 그걸 '기회'라고 부르면 좋겠다. 다시 웃는 기회 말이다. 이웃이라는 이름은 '한 집 건너 아는 사람'이 아니라 '한 걸음 더 다가가는 사람'이라는 뜻일지도.

우리는 서로의 메아리를 듣고 산다. 누군가를 위해 했던 말이 돌아오는 말이 아니라 마음속 어딘가에서 오래 울리는 메아리로 남을 때 그제야 알게 되는 것이다.

관계는 정답이 아니라 여운이라는 것을….

며칠 뒤, 우연히 그 아이를 엘리베이터 앞에서 다시 마주쳤다. 이번엔 아이가 먼저 나직한 목소리로 "안녕하세요."라고 인사를 건네는 것이다. 옆에 있던 엄마도 함께 웃으면서. 짧은 한마디에 나는 괜히 트레이닝복 소매를 잡아당기며 어색한 몸짓과 표정으로 말했다.

"어 그래 안녕, 안녕하세요."

그 순간, 나도 모르게 멋쩍은 웃음이 입가에 새어 나왔다. 그건 누군가를 향한 비웃음이 아니라, 내 안의 조급함과 서운함을 내려놓는 순간에 나온 가장 나다운 웃음이었다. 비로소 마음을 반쯤 열고서 하는 인사였다. 단정하고 완벽한 인사가 아니었기에 오히려 더 진심 같았다. 사람은 누구나 멋쩍은 순간을 통과하며 산다. 웃기지도 않은 농담에 웃을 때도 있고 엉뚱한 타이밍에 얼굴이 붉어지기도 한다. 때론 진심을 담지 못한 채 어설픈 제스처로 마음을 전달 할 때도 있다. 그러나 그런 서툼이 삶을 부드럽게 만든다.

'멋쩍은 웃음은 어쩌면, 가장 인간적인 방식의 변명이다.'
"난 나름대로 노력하고 있어요."

말 대신 전해지는 마음의 리듬, 그런 웃음이 나쁘지 않다. 너무 계산적이지 않으면서도 너무 날카롭지도 않은 듯 모서리가 둥근 말처럼 말이다. 누구도 다치게 하지 않는 웃음이고 그 웃음이야말로 나를 조금 더 나답게 만들었다. 인사는 여전히 짧고, 여운은 길다. 여운은 때때로 관계를 다시 잇는 다리처럼 작고 단단하다.

우리는 그렇게 서로 멋쩍게 웃고, 그 웃음 사이로 마음은 조금씩 가까워진다.

남아 있던 감정은, 처음 설탕을 입힌 과일처럼 서서히 녹아내렸다. 타인의 실수를 한없이 깊게 새기고 닫혀버린 마음… 좁은 여울은 물길이 막히면 금세 넘쳐버리고, 바람에 잔잔할 틈이 없이 흔들린다지. 마음도 그러하다. 생각한 만큼 보인다고 하지 않는가. 조금만 더 넓게, 조금만 더 깊게 받아들이면 어떨까? 그러면 마음도 바다처럼 커다란 품이 되어, 시끄러운 파도 대신 고요한 윤슬을 품을 수 있을 텐데.

다짐했다. 이웃을 만나 일방적인 인사가 다시 벽에 부딪혀도 기쁘게 울려 보내리라! 내 목소리가 공중에서 다시 길을 잃어도, 누군가 무심코 흘려보냈던 내 목소리가 귓가에 맴돌아 따뜻한 메아리로 돌아올 테니까.

걱정하지 말고 계속, 계속 울려 보내리라.
"어, 안녕하세요!"

나는 나를 아끼고 사랑합니다.

산도

요즘 부쩍 그런 생각이 든다.

나이가 들수록, 혼자만의 시간이 꼭 필요하다는 걸.

조용한 곳에서 나를 돌아보고

마음을 다독이는 순간이

얼마나 귀한지 이제야 조금씩 알 것 같다.

조금 더 나를 사랑하고,

나를 아끼고,

스스로를 존중하며 살아가고 싶다.

인생이 어느덧 중반으로 접어드니

세상의 눈치를 보거나,

배우자에게 얽매이고,

자식들에게 마음이 닿는 순간들이 많아진다.

그래서 이제는 잠시 멈춰 서서 숨을 고르고

내 안의 나를 찾아, 가장 귀한 손님처럼 대접하고 싶다.

누군가에게 기대기만 하던 마음도

천천히 내려놓으려 한다.

삶의 주인은 결국 나 자신이라는 걸

조금은 늦게 깨닫고 있는 중이다.

누군가의 시선이 아니라

내 마음이 이끄는 방향으로 걸어가고 싶다.

그렇게, 내 삶을 조금씩 다시 살아내고 싶다.

한때 멀어졌던 친구를 종종 마주치곤 한다.

처음엔 괜히 마음이 설레고 어색하고,

마주치는 것만으로도 불편했는데

이제는 조금 다르게 느껴진다.

친구와의 관계를 되돌아보니,

불편했던 건 사실 나 혼자였다는 생각이 든다.

상대는 나에 대해 별다른 감정조차 없었을지도 모른다.

그렇게 바라보니,

오히려 내 감정이 조금씩 가라앉고 다스려졌다.

이런 경험을 통해,

관계 하나하나가 얼마나 소중한지를 다시 느끼게 된다.

앞으로는 나에게 진심인 사람,

마음을 나눌 수 있는 사람을

더 잘 선택해서 만나고 싶다.
결국 사람도, 관계도,
모두 내가 어떻게 마주하느냐에 달려 있는 것 같다.
조금씩 단단해지고 있는 나 자신이
오늘은 참 고맙다.
기대하지 말자.
누군가가 언젠가는 나를 알아주겠지,
나에게 맞춰 주겠지, 변해 주겠지…….
이런 마음이 오히려 나를 더 지치게 만든다는 걸
이제야 조금씩 느낀다.

세월이 지나면, 나이가 들면,
조금은 달라지지 않을까 싶었지만
사람은 참 쉽게 바뀌지 않는다.
한두 번쯤은 맞춰 줄 수 있어도,
평생을 나에게 맞추며 살아줄 수는 없는 거니까.
"예전엔 참 좋았는데, 그땐 날 참 아껴줬는데"
하며 자꾸 예전 기억만 붙잡는 나를
오늘은 살짝 놓아주고 싶다.

사람은 변하기도 하고, 또 안 변하기도 한다.

그게 참사람이다.

어떻게 이렇게 안 맞을 수 있을까,

실망하고 낙담할 때도 있었지만

생각해 보면 로또보다 안 맞는 게 사람이라는 말,

그게 괜히 나온 게 아니구나 싶다.

혼자 있으면 외롭고 두려울까

걱정했던 나에게 조용히 말해 주고 싶다.

혼자서도 괜찮다고.

기대지 않아도 괜찮은 나로,

조금씩 단단해지고 있다고.

외로움이라는 감정은

멀리하려 해도 늘 곁에 머무는 것 같다.

그렇다고 외로움이 꼭 나쁜 것만은 아니라는 걸

조금씩 배우는 중이다.

혼자 있어도 외롭지만

가끔은 둘이 있으면서 더 외롭다고 느껴질 때가 있다.

둘이 있어도 외로움은 그냥 조용한 텅 빈 느낌이 아니라,

가슴 깊이 괴로운 감정으로 밀려온다.

외로움은 견딜 수 있지만, 괴로움은 참기 어렵다.
그래서 요즘은 '혼자 있는 법'을 배우는 것이
인생이구나, 자꾸 그렇게 생각하게 된다.
혼자 있는 시간에 익숙해지면
어쩌면 평생을 조금 더 단단하게,
조금 더 행복하게 살아갈 수 있을지도 모른다.
결국 인생은 내가 시작했고
마무리도 내가 하는 여정이니까.
삶의 끝까지 함께 가는 사람은
남편도, 자식도, 친구도 아니다.
끝내 나와 함께하는 건,
오직 나 자신뿐이라는 걸 요즘 깊게 느낀다.
진짜 자유로움과 평온함은
누군가 곁에 있을 때가 아니라,
혼자 있는 나 자신과 잘 지낼 수 있을 때
찾아오는 것 같다.

오늘도 조용히 나 자신과 잘 지내보려 한다.
외로움과도, 고요함과도 친구가 되어보려 한다.
그러면서도 나는 여전히 사람을 좋아한다.

좋은 친구를 만나고,

모임에 나가 책 이야기를 나누고,

무언가를 배우며 함께 웃고 이야기하는 시간들이

내게는 참 소중하고 감사한 순간들이다.

사람에게 기대지 않되,

사람과 함께 어우러지는 기쁨은 놓치지 않고 싶다.

나를 잃지 않으면서도,

사람 속에서 따뜻함을 느낄 수 있는

균형을 조금씩 배워가는 중이다.

이제는 억지로 힘든 인간관계를

이어가려 하지 않기로 했다.

사람에게 애쓰느라 지치는 대신,

내 마음과 몸을 돌보며 쉬어 가려고 한다.

그럴 때면 조용히 책 한 권을 펼쳐본다.

책 속의 글들이 어느새 내 이야기가 되고,

말없이 나를 위로해 주며

친구가 되어 줄 수 있을 것 같다는 생각이 든다.

사람 사이의 소란스러움 대신,

책이라는 조용한 친구와 함께하는 시간이

나에게는 더 큰 위로가 되어 준다.

    이 글에는 내가 명상을 하며 자주 들었던 말들이 곳곳에 스며 있다. 그 시간들은 나를 조용히 회복시키고, 무엇보다 내 마음을 내 편으로 돌려주는 연습이 되어 주었다. 누군가 글을 읽으며 나처럼 잠시 멈추어 숨을 고르고, 자신에게 조용히 다가가는 시간을 가질 수 있기를 바란다. 어쩌면 그것만으로도, 충분한 위로가 될 테니까.

2025.06. 어느 날

문둥아, 그라이께 내 구석이 조은기라

(얘야, 그러니까 내가 사는 이곳이 좋은 거란다)

민(旻)

'머한다꼬 그래 동동거리노, 문둥아.'

어머니는 가끔 나를 '문디' 혹은 '문둥아'라고 밉지 않게 부르신다. 몹쓸 나병환자에게도 붙이지 않을 그런 칭호를 서로 내뱉는 게, 어쩌면 다정함의 또 다른 얼굴일지도 모른다. 귀한 자식은 천하게 불러야 귀신이 시암하여 안 데려간다는 미신 때문이리라. 어머니의 마을은 그렇게 좋으면 좋다는 표현을 거칠게 하는 곳이다. 한반도 남쪽 끄트머리에 붙은 통영은 바다를 낀 작지만 유명한 군항이었다. 아주 예전에는 충무라는 이름을 가졌다가 통영으로 바뀌었고, 땅은 주변의 읍면을 합쳐 조금 더 커졌지만, 그 전 이름에 대한 기억은 이순신 장군과 할매 김밥뿐인 듯하다.

나는 통영에서 대부분의 어린 시절을 보내며 자랐다. 바다가 사방에 흔하고 별난 것이 없는 그런 동네였다. 달큼하고 비릿한 바닷바람이 나를 키운 셈이다. 하지만 말귀를 알아먹을 때가 되어서야 나는, 내가 통영에서 난 것이 아니라는 것을 알았다. 격동의 70

년대 끝머리에 목포라는 항구도시에서 태어났다고 한다. 그 당시 어머니가 여수에서 교직 생활을 하시다 목포로 전근하신 뒤 나를 가졌다고 하셨다. 항구에서 태어나 군항 도시였던 바닷가에서 살았다니. 바다가 나를 품어주고 있었다는 운명적인 감회가 들었다.

내 어머니는 원래 통영이 고향인 신여성이었다. 광복 이래 태어난 해방둥이 어린 여자아이가 통영에서 쭉 자라 서울에서 대학을 나왔다면, 소설에서나 나올 법한 이야기였으니까. 어머니는 통영에서 자수성가하신 외할아버지의 장녀로 태어나 사랑을 참 많이 받고 자랐다. 시내에 하나뿐인 양장점에서 고명딸의 속옷을 따로 맞춰 줄 정도로 할아버지의 애지중지는 대단하셨다 한다. 얼마나 어머니의 손재주를 아끼셨는지, 임종 직전까지 지내시던 방에는 엄마가 직접 수 놓아 선물로 드린 자수 병풍이 마치 그 자리를 지키듯 세워져 있었다고 했다. 어머니는 밀양박씨 집안에 태어나 아들 형제들 사이에서 차별 없이 자라고 사랑받았던 것을 늘 자랑스러워하셨다.

"문디, 상아 즈거는 이미자보다 신발이 더 많다 카데. 쪼를 그래 빼 싸코."

"몰라, 서울에서 한 번씩 내려올 쩍마다 온 집안이 디집힌다 안 카나."

"요상한 서울말을 써 잡히문서, 서울에서 울매나 쪼를 지고 다니는지."

"얼굴이 허연기 서울아가 다 됐다카드라."

통영 아가씨가 서울에서 얼마나 멋을 부렸을지 나는 모른다. 하지만 나는 그런 것보다 할머니도 엄마를 '문디'라고 부르는 것이 참 다정하다고 생각했다. 외할아버지 집 안뜰에는 늘 인부들이 이리저리 다니느라 분주했다. 건재상 앞과 뒤에는 건축 자재들이 항상 높이 쌓여 있었는데 할머니가 모로 모래나 톱밥을 마련해서 내가 놀 자리를 만들어 주시면, 나는 홀로 그 안에 퍼질러 앉아 모래놀이를 종일 했다. 누가 불러도 모를 지경으로 푹 빠지면, 해가 진 것도 잊고 있다가 부엌에서 생선 굽고 밥 짓는 냄새를 알아차리고 강아지처럼 집 안으로 뛰어 들어갔다. 할머니의 짭조름한 통영 생선 구이와 마른 멸치를 나는 참 좋아했다. 그렇게 상차림마다 바다에서 온 어물들을 배불리 받아서 먹고 자란 덕에 나는 뼈대가 튼튼하고 제법 옹골차게 자란 것일지도 모른다. 바다에서 나는 것들을 질리도록 먹어도 비릿한 어물 냄새가 참 정겹던 어린 시절이었다. 그 노릇하고 꼬숩은 바다 생물들로 음식을 지어 먹이던 할머니는 늘 같은 이야기를 하셨다.

"문둥아, 이런 거를 푹푹 먹어야 쑥쑥 자란다 아이가."

"동생 주지 말고, 싹싹 깨끄치 먹어래이. 생이(언니)가 잘 커야 덴다."

뽈래기(볼락), 강달이(가자미), 갯장어, 정갱이, 놀래미, 감시(감성돔). 이런 놈들이 노글노글 익는 고소한 기름 냄새가 바람결에 섞인 곳에서 자라서였을까, 나는 어른이 되어서도 바다를 벗어날 수 없었다. 바다는 나에게 어머니였고 할머니였다.

1996년 시월, 느닷없는 유학길에 올랐다. 그것도 바다를 사방에 낀 섬나라로. 하나뿐인 여동생이 외고 입시에서 쓴물을 마시고 끝 간데없던 자존심이 상해버린 탓이었다. 미대 입시를 준비 중이던 나는 결국 여동생과 한 비행기에 탈 운명을 스스로 선택하고야 말았다. 난생처음 인생의 순항을 접고, 지도 없이 가야 할 모험 같은 항해를 시작하게 되었다. 12시간이 넘는 비행시간을 견디고 두 발을 디딘 땅은 너무도 낯설었다. 유학을 염두에 두고 영어 공부를 열심히 하지 않아서 두려웠냐 하면, 사실은 그런 것도 아니었다. 무작정 들어가서 부딪치면서 살아보자는 바다 사람들의 근성이 나에게 뿌리처럼 뻗어 있었던지, 나는 그 어떤 것도 두렵지 않았다.

"느그, 다 컸다. 말길 다 알아듣고, 인자 앞가림만 하믄 덴다. 이리 남의 나라에서 공부하는 것도 큰 운인 기라. 열심히 하거라."

어머니가 다음날 첫 비행기로 다시 통영으로 돌아가실 줄은 몰랐기에 말없이 듣고만 있었다. 이튿날 새벽 외국인 집주인이 문을 급히 두드리며 어머니가 공항으로 가신다고 알려주지 않았다면 그 말이 마지막인 셈이었다. 미명의 새벽, 우리를 두고 몰래 가시려던 마음이 택시에 앉아 어색하게 손을 흔들던 어머니의 슬픈 미소에 배어 나왔다. 나는 어쩌면 바다를 닮은 부모님의 마음을 그때 이미 알고 있었는지도 모른다. 무심하게 찰랑거리는 청록 바다의 차갑지도 뜨겁지도 않은 그 미온의 정서가 나를 키웠고, 파도처럼 밀어내던 시기였다. 나는 울지 않았다. 보채며 짜증 내고, 불안해하지 않았다. 그냥 어머니를 눈에 담고 조용히 보내 드렸다. 그날 어머니는 눈물을 끝내 삼키고 비행기 안에서 우셨다. 우리의 작별은 많은 것들을 기대하고 인내하게 했다. 그 기억이 바위처럼 마음에 남아 오랜 세월 나를 지켰다.

도착과 동시에 호주 고등학교 진학이 차질 없이 이루어졌다. 치열하고 외로운 생활이었다. 그래서 지상 낙원, 꿈같은 일상이 차라리 여행이라 생각하자고 위안 삼았다. 특히 아름드리 유칼립투스 나무가 빼곡히 늘어서, 눈과 마음을 벅차게 만들던 거리 풍광은 매일 받는 선물이었다. 나는 그런 행운에 늘 감사하며 살았다. 집 근처에 사람의 이름을 본떠 만들었는지 정감이 드는 해변이 하나 있었는데, 누군가를 부르는 느낌이 들어 종종 그곳을 찾았다. 그 앞에 서서 해를 삼키는 바다를 보고 있으면 여지없이 쓸쓸하고 적막한 밤이 찾아왔다. 달이 고요하게 뜬 통영 바다가 떠오르기도 했다. 멀리 하얗게 부서지는 통영 자개 빛깔 파도를 하염없이 바라보고만 있어도 먹먹하던 속이 씻기는 듯했다. 멀리 뜬 수평선 위로 어머니의 얼굴이 들어간 해가 빨갛게 흔들리다가 바닷속으로 쏙 들어가 버리면 그 잔상이 남아 며칠간 눈에 아른했다. '문디야, 머한다꼬 그래 동동 거리노.' 그 한마디가 또 한 번 나를 울렸다. '이 푸른 파도가 통영에도 가 닿겠지' 보고 싶은 마음을 바다 위에 띄워 보내는 하루하루가 이어졌다. 호주의 바다는 어머니에게 보내는 푸른 대나무 숲이었다.

나는 건축과에 특차 합격했다. 그리고 그즈음 어머니가 암 투병을 시작하셨다. 그것은 한국의 IMF 사태보다 나에게는 큰 충격이었다. 경제위기로 유학생 대부분이 한국으로 돌아가야 했지만, 어머니는 우리를 위해 악착같이 버티셨다. '문둥아, 니 걱정이나 하그라. 그기 어데 쉽게 드간 데 가' 어머니는 내 대학 생활을 누구보다 기뻐하고 응원해 주셨다. 하지만 병환으로 힘들어하시는 부모님의 상황은 철없던 나의 마음을 시계추처럼 흔들어 놓았다. 결국 귀환은 느닷없이 정해졌고, 나는 뒤도 돌아보지 않고 7년의 유학 생활을 접었다. 비행기 안에서 본 고요한 바다는 앞으로 어떤 일이 생길지 모른 채 돌아가는 나에게 초연한 위로를 전하는 듯했다. '바다처럼 살아라.' 그것이 그 바다와 한 마지막 인사였다. 통영 외할머니도 이미 돌아가셨고, 어머니는 아픈 몸과 마음을 기댈 곳이 없었다. 나는 어머니 곁에 있어야 했다.

"내사마, 얼른 죽어야지 더 살아 뭐 하겠노."

입버릇처럼 하시던 외할머니의 말이 갑자기 떠올라 등골이 서늘해졌다. 어머니 입에서 저런 소리가 나오면 어떡하나, 행여 죽으면 다 편해진다는 생각이라도 하실까 봐 두려웠다. 본인은 중병 환자가 아니니 걱정하지 말라며, 다시 섬나라로 돌아가라고만 하셨다. 서울에서 시외버스를 타고 긴 시간을 달려 통영으로 들어가는 초입을 보자, 큰길을 낸다는 통영시에 선뜻 그 땅을 기증하셨다는 외할아버지의 말이 떠올랐다.

"내 땅을 밟아야 통영 인기라."

나는 그렇게 내 구석으로 다시 찾아 들었다. 어머니 곁을 지키며 다시 한국에 적응해 살다 보니 나의 이십 대는 훌쩍 지나가 버렸다. 허무하거나 안타깝다는 생각을 해본 적은 없다. 그저 바다처럼 나는 그 시간을 보듬어 안았다. 긴 치료 끝에 어머니는 완치 판정을 받았고 나는 여러 도시를 다니며 하고 싶은 일과 잘하는 일을 찾아 바다처럼 살았다. 어머니의 말씀처럼 동동거리지는 않았다. 내가 하고자 하면 뭐든 잡았고, 아니다 하면 놓았다. 광주에서 직장생활을 하던 중 서른이 구렁이 담 넘듯 넘어갔고, 어머니가 슬그머니 중매를 넣어 결혼 이야기를 꺼내셨다. 남편은 착한 사람이었고, 시어머니는 유쾌한 섬 어머니였다.

"참말로 곱다, 니 그거 아나? 서 씨 중에 악한 사람이 없니라."

나는 서른둘에 서씨 성을 가진 섬 출신 남자와 결혼했다. 섬나라로 다시 나가라던 어머니의 잔소리는 내가 섬마을로 시집을 가면서 일단락된 것이다. 다행히 신접살림은 섬이 아닌 나의 구석, 통영에서 시작되었다.

"야야 내가 어데 가서 물어보니까는 니는 늦게까정 내 옆에 있어야, 난중에 시집가서 잘 산다카드라."

"문둥아, 이렇다 저렇다 캐도 내 구석이 제일 인기라. 어데 멀리 가지 말고 토영에서 살아라."

어머니는 내 결혼 시기를 충실하게 계획하고, 사윗감 자리도 여러 번 알아본 모양이었다. 고부 사이가 나쁘진 않을지, 형제간에 다툼은 없을지. 어머니의 자식 앞길 닦기는 끝날 줄을 몰랐다. 그렇게 불안한데 어떻게 바다 건너까지 유학을 보내고 객지 생활을 지켜보셨나 모르겠다. 결혼 후에도 어머니의 신신당부는 이어졌다. 시어머니께 잘하라는 말씀에 나는 속이 시렸다. 어머니는 정작 시어머니와 불화로 병까지 얻었는데 말이다. 신행 후 인사를 드리러 연대도라는 섬으로 들어간 날, 시어머님은 나를 붙잡고 뿌듯한 표정으로 자랑하셨다.

"내가 니 온다꼬, 지붕을 새로 얹었다아이가. 우뜻노? 니 맹키로 예쁘제?"

"이리 말라가지고 아는 낳긋나? 푹푹 묵꼬, 우야지간에 건강해야 덴디!"

호탕하게 웃으며 섬 사투리를 걸걸하게 뱉어내시던 시어머니는 예민과 깐깐이라고는 찾아볼 수가 없는 분이셨다. 비록 몇 해 전 돌아가셨지만, 시어머님도 섬을 떠나 병원에만 계신 것이 마음에 걸렸는지 임종 직전까지 이불을 바닥에 깔고 배인 양 혼잣말을 그렇게 하셨다 한다. 남편 여의고 오 남매를 홀로 키운 어머님에게 섬은 그야말로 가족을 지킨 방파제가 아니었을까.

"섬에 가자, 바다 건너 연대도에 가자."

"갱아, 밭에 나가서 마늘대 뽑아야 덴다이."

"오래 나뚜믄 대가 세서 몬 쓴다."

마지막으로 어머님을 뵈러 갔던 순간이 떠오른다. 갓 태어난 첫째 딸아이를 보시며, 어머님은 "코 잡아줘라, 대가 올라가야 덴다."라는 마지막 말씀을 남기셨다. 그 와중에도 막내 손녀딸 콧대 걱정이라니! 통영 어머님들의 자식 걱정은 바다같이 마르지 않는다. 한 번씩 나는 딸아이의 콧대를 잡아주며, 어머니들처럼 밉지 않게 말하곤 한다.

"문디, 오늘 학교에서 별일은 없었나?"

뒤늦은 깨달음

지인

어릴 적, 책은 내게 그저 조용한 친구 같은 존재였다. 가까이에 있었지만, 굳이 다가가지 않아도 되는 그런 친구. 집 안 책장은 위인전과 백과사전으로 가지런히 채워져 있었다. 부모님은 바쁘게 일하시느라 책을 읽으라 다그치지도, 억지로 들려주지도 않으셨다. 대신, 마당은 내 놀이터였고, 골목은 내 세상이었다. 책은 늘 곁에 있었지만, 나를 불러세우지 않았고, 나는 그 부름을 기다리지도 않았다. 책장에 가지런히 꽂힌 책들은 햇살 아래 늘 같은 자리를 지키던 고요한 풍경처럼 나를 바라보았다. 책 속 세상보다는, 눈앞에 펼쳐진 오늘이 훨씬 크고 넓게 느껴졌다. 그때는 미처 알지 못했다. 책을 읽지 않은 것이, 훗날 얼마나 큰 빈자리를 남길지.

국민학교 2학년 무렵, 부모님은 표고버섯 농사를 시작하셨다. 작은 농장이라 일손이 부족해 온 가족이 힘을 보탤 수밖에 없었다. 새벽이면 농장에 가야 했고, 어두운 버섯 농장에서 혼자 버섯을 따야만 했다. 나는 혼자 농장에 있는 시간이 싫었지만 어쩔 수 없는 일이기에 부모님에게 내색하지 않고 힘겹게 농장 일을 이어갔다. 부모님이 주말과 방학, 비 오는 날에만 일을 도우라고 해서서 그나마 다행이었다. 표고버섯을 따는 동안 내 마음은 텅 비어 있었고, 책으로 채운 적이 없었다. 아마 그래서 책과 멀어졌는지도 모른다.

하지만 어린 시절, 유일하게 마음을 붙잡은 책이 있었다. 바로 헬렌 켈러의 이야기였다. 다른 책들은 책장 속에서 새것처럼 고요히 잠들어 있었지만, 헬렌 켈러의 책만큼은 내 손에서 닳고 닳았다. 몇 번을 읽었는지, 셀 수조차 없을 만큼 펼쳐보고 또 펼쳐봤다. 그 책은 어릴 적 나의 마음속, 가장 오래 머문 친구였다.

'사흘만 세상을 볼 수 있다면, 첫째 날은 사랑하는 이의 얼굴을 보고, 둘째 날은 밤이 아침으로 바뀌는 기적을 바라보고, 셋째 날은 사람들로 가득한 평범한 거리를 거닐고 싶다. 단언컨대, 본다는 것은 가장 큰 축복이다.'

이 구절을 읽을 때면, 나도 모르게 숨을 고르고 마음을 다잡곤 했다. 볼 수 있다는 것은 단순한 일이 아니라, 살아가는 동안 매일 새롭게 누려야 할 축복이라는 걸, 헬렌 켈러가 가르쳐 주었다.

'장애는 불편하다. 그러나 불행하지는 않다.'

이 짧고 강한 문장은 내게 묵직한 울림을 주었다. 볼 수 없어도, 들을 수 없어도, 말할 수 없어도. 세상은 여전히 아름답고, 삶은 여전히 소중하다는 사실을. 세상은 고난으로 가득하지만, 고난의 극복으로도 가득했다. 넘어지고 또 일어서며, 헬렌 켈러는 그녀만의 방법으로 삶을 배웠다. 그 길 위엔 언제나 앤 설리번 선생님이 있었다. 그녀는 헬렌 켈러 인생을 비추는 한 줄기 빛이었다. 한 사람의 손길이, 한 사람의 사랑이 누군가의 인생을 어떻게 바꾸는지를 이 책을 통해 처음 알았다. 누군가 곁에서 손을 잡아준다는 것, 그것이 인생을 바꾸는 시작이 될 수도 있다는 사실을. 삶이 힘겨울 때 손을 잡아주는 사람, 세상을 밝혀주는 사람, 다시 걷게 해주는 사람이 있다는 것. 그것이 얼마나 큰 축복인지, 나는 헬렌 켈러를 만난 후 독서의 기쁨을 느낄 수 있었다. 세상을 바라보는 눈이자, 내 마음을 울리는 메아리였다. 다른 책들은 눈길조차 주지 않았지만, 헬렌 켈러의 책만큼은 내 마음속 책장에 오래도록 머물렀다.

중학교 1학년 무렵, 철이 들려고 했던 걸까. 미래가 걱정되기 시작했다. 공부를 열심히 해야겠다고 마음먹었지만, 막상 시작하려니 모르는 것투성이에 막막하기만 했다. 부모님은 바쁘셨고, 언니와 오빠도 없어 궁금한 점을 물어볼 곳이 없었다. 선생님밖에 도움을 청할 데가 없었지만, 한 반에 학생이 60명이 넘던 시절이라 용기 내어 질문하기도 쉽지 않았다. 기초가 잡혀 있지 않아 단순 암기로는 공부가 힘들었다. 이해가 안 되니 경청도 어렵고, 집중도 잘 되지 않았다. 학습 부족이 쌓여 구멍은 점점 커져만 갔다. 그나마 계획 짜는 것을 좋아해 세밀하게 계획을 세우고, 수정하며 나름 최선을 다해 공부했다. 억지로 하는 공부가 아니었기에, 하려는 의지는 있었다. 점수가 제법 오르자 '나도 할 수 있구나'라는 깨달음을 얻었다. 선생님께 칭찬받고, '성실한 아이'라는 이름표도 얻을 수 있었다. 하지만 지식이 누적되지 않아 공부는 더 이상 늘지 않았다. 공부에도 때가 있다는 걸, 책을 보지 않고 모르는 것을 제대로 물어보지 않은 것을 뼈저리게 후회했다.

책과 멀었던 내 삶 속에서 스스로 선택해 꾸준히 가까이한 건 '좋은 생각'이라는 작은 책이었다. 짧은 글 한 편에 기쁨도, 슬픔도, 때로는 웃음도, 담백한 문장 속에 소박한 감동이 고스란히 담겨 있었다. 그래서였을까, 사람 냄새 나는 따뜻한 이야기와 평범하지만 평안한 풍경이 언제나 마음을 따뜻하게 어루만졌다. '좋은 생각'을 읽으며 좋은 사람이 되고 싶다는 바람도, 천천히 나의 마음속에 자라났다.

그렇게 책을 통해 마음을 다듬고 나를 돌아보는 시간이 쌓이자, 어느새 내 시선은 나 자신을 넘어 아이에게 향하고 있었다. 내가 느꼈던 그 따뜻함과 울림이 아이의 삶에도 스며들었으면 좋겠다고, 좋은 글이 좋은 마음을 만든다고, 그 마음이 결국 한 사람의 인생을 바꾼다고 믿고 싶었다. 그래서 나는 아이가 책을 바라보며 자라길 바랐고 시간을 허투루 쓰지 않기를 간절히 바라게 되었는지도 모른다.

아이는 독후화 대상, 여덟 살에는 10개월도 채 공부하지 않고 어문회 한자능력검정시험 5급에 합격했다. 어릴 적부터 영특했던 아이에게 우리는 너무 큰 기대를 걸었고, 그 기대가 오히려 아이에게 부담이 되었던 것 같다. 공부가 쉽지 않다는 걸 알기에, 나는 아이들에게 책을 읽으라고 목소리를 높이고, 때로는 핏대까지 세우며 열을 올렸다. 하지만 아이들은 그런 내 마음을 헤아리지 못했다.

'엄마가 왜 저렇게까지 할까?'

의아한 듯한 표정으로 아이들이 나를 바라볼 때면, 내 말이 잔소리로만 들리는 것 같아 안타까움이 밀려왔다.

나는 그저 책을 읽는 일이 얼마나 소중하고, 인생을 풍요롭게 만드는 일인지 알려주고 싶었을 뿐이다. 돌아보면, 나 역시 책과는 멀리 지낸 시간이 길었다. 어린 시절부터 돈을 모으는 일에는 누구보다 부지런했지만, 책을 읽는 일에는 참 인색했다.

중학교 시절부터 결혼 전까지, 월급의 80%를 저축하며 돈에는 민감하게 살았지만, 책 한 권을 사는 일에는 마음을 쓰지 않았다. 그 결과, 내 안의 지식은 쉽게 자라지 못했고, 생각의 깊이도 얕았다. 이런 사실이 부끄럽고 안타까워, 아이들만큼은 책을 통해 세상을 넓게 바라보길 진심으로 바란다.

나는 결혼을 하고 아이를 낳은 후 지혜롭게 키우고 싶었다. 하지만 아이는 깊이 생각하기보다, 그저 단순하게 살아가려 애썼다. 학원을 여기저기 다니느라, 혼자 공부할 시간을 충분히 주지 못했던 것도 아이가 단순하게 된 이유 중 하나였다. 어릴 때부터 아이의 태도를 바르게 잡아주지 못했고, 따뜻한 관심을 건네지 못했다. 지난 시간을 깊이 후회했다. 아이도 누구보다 잘하고 싶어 했지만, 그동안 쌓인 게 없다 보니 당연히 힘들었을 것이다. 생각 없이 단순히 외운 것들은 금방 사라졌고, 끝내 손에 남는 게 없었다. 점점 공부가 어려워지기 시작했다. 마음을 담지 않은 공부는 결국 아무것도 남기지 않았다.

아이가 스스로 생각하고, 질문하며 성장할 수 있도록 이끌어 주었어야 했다. 나 역시 끊임없이 묻고 대화를 나누는 노력을 했어야 했다. 잔소리를 한다고 해서 상황이 나아지는 건 아니었다. 멘토 언니는 잔소리보다는 짧고 강한 한마디로 핵심을 전하는 것이 훨씬 효과적이라고 조언해 주셨다. 그 말들이 백 번, 천 번, 아니 백만 번 맞는 말이지만. 아이의 태도는 변화가 없었고 또다시 화를 냈고 잔소리는 되풀이되었다.

정해진 시간표, 뚜렷한 답이 있는 삶은 마음을 편하게 해주지만, 세상은 그런 규칙대로 흘러가지 않는다. 느린 사람은 다른 이보다 더 많은 기다림과 인내가 필요하다. 아이러니하게도, 그런 느림을 누구보다 잘 아는 내가 아이를 키우며 화를 참지 못하고 평정심을 잃은 날이 많았다. 순수하고 밝은 아이를 바라보며, 가장 속상한 건 아이 자신일 거라는 생각에 마음이 저렸다. 느린 엄마가 되어 아이의 손을 잡고 용기를 주어야 하는데, 오히려 화를 내며 아이의 마음을 다치게 해 미안했다. 내가 흘린 수많은 눈물의 의미를 아이도 알고 있을지 모르겠다. 잔소리가 쌓이고 쌓여 결국 아이는 엄마를 싫어하게 되는 지경에 이르고 말았다. 공부만 중요하다고 생각한 나머지, 정작 아이에게 가장 필요한 '올바른 태도'를 잡아주지 못한 것이 후회된다. 일관성 없는 엄마와 아빠의 모습은 결국 아이를 혼란스럽게 만들었다.

고민이 많은 나에게 멘토 언니는 김득신이라는 사람에 대해 이야기해 주셨다. 그는 어릴 적 천연두에 걸려 지능이 낮아졌다. 김득신은 부모님과 스승님의 응원으로 책을 좋아하는 아이로 자랐고, 비가 오나 눈이 오나 책을 보며 억만 권 이상의 책을 읽었다, 책을 무척이나 좋아해 책 내용을 잊어 버리지 않으려고 끊임없이 책을 봤다. 바보 같다는 다른 이의 말에 신경 쓰지 않고 묵묵히 자신의 길을 따라갔다. 그가 글을 배우러 가면 사람들이 혀를 차며 공부를 포기하라고까지 했다. 하지만 김득신은 절대 포기하지 않았다. 오히려 그는 어려움을 견디며 계속해서 공부에 매진했다.

그는 '백이전'을 11만 3천 번이나 읽었다고 한다.

그의 아버지는 "큰 그릇은 천천히 만들어진다."라고 하시며 그를 항상 격려해 주었다, 김득신은 늦은 나이지만 포기하지 않았고 서른아홉 살에 진사과에 합격하고, 쉰아홉 살에 과거에 급제하게 되었다. 김득신은 수많은 책을 읽은 덕분인지 좋은 글을 썼고, 시인으로 이름을 남겼다, 사람들은 그의 시를 좋아했다.

그는 뛰어난 재주나 빠른 두뇌를 가진 사람이 아니었지만, 끊임없이 책을 읽고, 노력하고, 포기하지 않음으로써 결국 꿈을 이뤘다. 김득신 옆에는 자식을 믿어주는 든든한 부모님이 있었다. 많이 느리고, 부족하더라도 끝까지 자식을 응원하는 훌륭한 부모. 자식을 믿어주는 그 마음이야말로 아이 인생을 바꿀 수 있는 가장 큰 힘임을, 나는 김득신의 이야기를 통해 깨달았다.

더 이상 화내지 않고 아이를 믿어주고 격려해 주는 부모가 되어야겠다 마음먹었다. 노력은 결과를 만들고, 실패는 성공을 위한 밑거름이 될 수 있다는 것을. 아들에게도 이 이야기를 전해 주고 싶다. 성공은 하루아침에 이루어지는 것이 아니다. 김득신처럼 느리더라도, 힘들어도, 포기하지 않고 꾸준히 나아가는 것이 중요하다. 실패를 두려워하지 말고, 그 속에서 배우며 성장해 가길 바란다.

"아들아, 아빠, 엄마도 김득신 부모님처럼 너를 믿어주고 응원할게. 언젠가 너도 원하는 것을 이룰 날이 올 거야. 그러니 오늘 하루, 작고 느린 걸음이라도 괜찮으니 포기하지 말고 나아가렴. 아빠, 엄마는 늘 그 길을 응원하고 있을게."

'모모의 책숲' 수업을 통해 조금씩 지식이 쌓여간다. 책을 많이 읽지 않아 체화되는 데 시간이 다른 이들보다 더 걸릴지 모르지만, 알 수 없는 충만함에 만족하며 살아가는 내 모습이 기분 좋다. 책은 단순했던 내게 큰 변화를 가져다주었고, 규칙적이고 부지런한 사람이 되고 싶다는 소망도 생겼다. 돈을 모으는 것보다 값비싼 명품 백이 있는 것보다 책을 본다는 것이 더 의미가 있다는 사실을 이제는 안다. 나처럼 책을 보지 않았던 사람들에게 책의 소중함을 알려주고 싶다.

'모모의 책숲' 독서 모임에서 2025년에는 에세이집을 출판하자고 계획해서 걱정이 많았다. 평생을 많이 생각하지 않고 너무도 단순하게 살았던 삶, 글재주가 없고 쓸 내용도 생각나지 않았고 어떻게 해야 할지 몰라 아무 생각도 나지 않았다. 우습게도 오죽하면 글재주가 뛰어난 사람의 재능을 훔쳐 오고 싶은 마음까지 들었을까.

보잘것없는 내용일지 모르지만, 글쓰기를 통해 솔직한 내 마음을 담아내려 애썼다. 글을 쓰며 많은 작가들이 얼마나 힘겹게 원고를 완성했는지, 그리고 에세이 한 편을 위해 얼마나 많은 정성과 영혼을 쏟아야 하는지 깨달았다. 수많은 작가가 존경스럽고 위대하게 느껴졌다. 그래서 이제는 책을 읽을 때, 작가의 마음과 더 깊이 교감하고 싶다. 이제야 나는 책과 조금씩 친해지고 있다. 가장 조용하지만, 가장 깊은 울림을 주는 존재. 언제나 곁에서 말없이 내 마음을 어루만지고, 삶의 방향을 잃을 때마다 길을 밝혀주는 존재. 책은 나와 함께 길을 걷는 지혜로운 친구다.

좋은 책을 만난다는 것은 설레고도 행복한 일이다. 지금이라도 그 가치를 알게 되어 얼마나 다행인지 모른다. 이제는 책의 말을 온전히 경청하고, 깊이 이해하며 내 삶에 스며들게 하고 싶다. 책 속 지혜가 차곡차곡 쌓여, 나의 삶이 더욱 유익해지고 내가 더 너그러운 사람이 되기를 바란다. 좋은 사람은 따뜻한 마음을 지니고, 곁에 책을 두는 사람이다.

모모의 책숲

우리는 책을 통해 닫혀 있던 '나'의 세계와 화해하고,
서로의 세상을 향해 조심스레 오가는 사이가 되었습니다.
오늘은 이 다정한 이야기의 숲으로 당신을 초대하고 싶습니다.
우리, 잠시 후 '모모의 책숲'에서 만날까요?

아무튼 모모에게 가봐요!

미하엘 엔데의 '모모'를 읽고

글보샘

공허한 잿빛 얼굴을 하고, 무기력에 시달리면서도 숨 가쁘게 달려야만 하는 사람들. 너무 피곤해서 퇴근 후에는 아이들에게 동화책을 읽어 줄 수도, 가족과 이야기를 나눌 시간도 없는 사람들. 그들은 시간 도둑에게 소중한 시간을 빼앗긴 줄도 모르고, 빠르게 달릴수록 느려지는 우울한 세상 속으로 빨려 들어가고 있다.

가슴 속이 텅 빈 것 같고, 침침한 연기 속에 갇혀 길을 잃고 헤맬 때, 거북이 카시오페이아가 불쑥 나타나 말을 걸지도 모른다.

"모모에게 가봐요."

미하엘 엔데의 '모모'를 읽고 있으면 시간 도둑이 활동을 멈추고, 엄청나게 큰 꽃들의 폭풍이 음악에 맞춰 춤을 추기 시작한다. 시와 음악, 이야기까지 어우러져 모두가 친구가 될 수 있는 모모의 원형 극장에 초대받은 것이다.

옛날, 옛날 아주 먼 옛날. 사람들은 원형 극장을 사랑했다. 그들은 무대의 이야기에 귀를 기울일 줄 알았고, 작품의 아름다움에 감동할 줄 알았다. 그 후 수천 년의 세월이 흘렀고 사람들은 원형 극장을 잊었다. 하지만 변두리의 가난한 동네에는 원형 극장 터가 남아 있었다. 그곳에는 모모가 살고 있었고, 가난하지만 자기 철학이 분명한 사람들이 모모의 친구가 되었다.

우리도 소설 속 등장인물들처럼 한때는 이야기를 사랑했다. 시인을 동경했고, 소리 높여 노래를 부를 줄 알았으며, 지하철에서 책을 펼쳐 읽는 걸 습관처럼 반복했다. 그 후 수십 년의 세월이 흘렀고, 사람들은 휴대전화에 푹 빠져들었다. 몇몇 사람이 버텨보려 애를 썼지만, 아름다운 시간은 추억으로만 공유하게 되었다. 자기 철학이 분명한 사람들이 목소리를 잃지 않았더라면, 모모의 친구가 될 수 있었을 텐데, 우리는 더 많은 것을 얻기 위해, 소중한 것을 잃게 되었다.

모모는 사람들의 말에 귀를 기울였고, 자신의 시간을 아낌없이 사람들에게 나누어주었다. 모모와 함께하면서 어른들은 배려를 배웠고, 내면의 목소리를 들을 수 있었다. 아이들은 매일 새로운 놀이 속에서 상상력을 키웠고, 생각하는 힘을 길렀다. 하지만 시간을 훔쳐 가는 회색 신사들의 흉악한 계략 때문에 사람들은 삶의 여백을 잃게 되었다. 삶이 빈곤해졌고, 획일화되었고, 차가워졌다. 더욱 심각한 것은 사람들이 회색 신사의 존재를 인식하지 못하고 있다는 사실이었다.

조금 늦었지만, 이제라도 모모의 친구가 되고 싶다. 시인을 동경하고, 달빛 아래서 노래를 부르며, 지하철 안에서 습관처럼 책을 펼쳐 드는 어른. 사람들의 말을 경청하고, 나의 시간을 아낌없이 나누며, 풀벌레 소리에도 귀 기울일 수 있는 섬세한 이웃이 되고 싶다.

아이들이 매일 새로운 놀이 속에서 상상력을 키우고, 생각하는 힘을 기를 수 있도록, 든든한 조력자가 되고 싶다. 시간 도둑이 우리의 소중한 시간을 훔쳐 가지 못 하도록, 아이들이 모모처럼 아름답게 성장할 수 있도록.

모모는 호라 박사와 거북이 카시오페이아의 도움을 받아 용기를 냈다. 시간 도둑들의 은거지를 찾아내 최후의 시간 도둑을 사라지게 했고, 그들이 훔쳐 간 시간을 모두 풀어주었다. 회색 신사들이 빼앗은 시간의 꽃이 다시 사람들의 가슴으로 돌아오자, 세상은 온실처럼 따뜻해졌다.

시간이 많아진 사람들은 꽃을 사랑하고, 자신의 일에 긍지를 느끼게 되었으며, 더 이상 서두르지 않았다. 모모와 친구들은 원형 극장에 모여 파티를 열었다. 모모는 별들의 속삭임과 꽃들의 향기를 떠올리며 노래를 불렀고, 그 노래는 우리의 마음에 한 송이 꽃으로 다가왔다. 하지만 현실 속 우리는 향기로운 내면의 꽃을 잊고 말았다. 시간 도둑의 계략에 너무나 쉽게 걸려든 탓에.

"나한테 남은 시간이 별로 없어. 지금 너무 바빠. 내면의 소리를 들어보라고? 그건 나한테 너무 사치야. 나 밥 먹을 시간도 없어. 그래, 나중에 더 얘기하자. 할 일이 산더미야."

아이도, 어른도, 입시생도 모두 시한부 인생을 사는 것처럼 말한다. 시간이 부족하다고. 도대체 우리의 시간은 어디로 사라져 버린 것일까? 현대 자본주의 사회에 사는 우리는 항상 조급하다. 하늘에 흘러가는 구름의 모양을 감상할 줄 모르며, 지하철 의자에 앉아 책을 읽을 여유도 잊었다. 의사는 환자의 고통을 살필 겨를이 없고, 교사는 자신의 꽃도 보살필 시간이 없어 학생 안의 찬란한 꽃을 보지 못한다.

잿빛 도시가 시간의 꽃을 야금야금 빼앗아도, 다행히 시간의 꽃은 죽지 않는다. 원형 극장의 마을 사람들이 모모를 돌보기 시작하면서 자신을 되찾은 것처럼, 우리는 자기 내면의 이야기에 귀를 기울여 시간의 꽃을 돌봐주어야 한다.

휴대전화를 서랍이나 작은 상자에 보관한 후 가족들과 이야기를 나누고, 친구들의 이야기를 세심하게 들어주자. 삶이 무엇인지 고민하고, 소중한 사람들의 말을 경청하다 보면 우리도 모모 같은 친구가 될 수 있지 않을까?

모모는 이 세상 모든 것의 말에 귀를 기울였다. 개, 고양이, 귀뚜라미, 두꺼비, 심지어는 빗줄기와 나뭇가지 사이를 스쳐 지나가는 바람에도 귀를 기울였다. 그러면 그들은 각각 자기만의 독특한 방식으로 모모에게 이야기를 했다.

개, 고양이, 귀뚜라미, 두꺼비, 심지어는 빗줄기와 나뭇가지 사이를 스쳐 지나가는 바람의 이야기를 들을 수 있는 모모의 순수함은 아름답다. 아름다움이 세상을 구하리라는 도스토예프스키의 말처럼 작은 아이에 불과한 모모가 세상을 구했다. 하지만 모모가 세상을 혼자 구한 것은 아니다. 친구가 없었다면, 마음을 나누고 시간을 공유하는 이웃이 없었다면, 모모는 회색 신사들에 맞설 용기를 내지 못했을 것이다.

너희들은 시간을 느끼기 위해 가슴을 가지고 있단다. 가슴으로 느끼지 않은 시간은 모두 없어져 버리지. 장님에게 무지개의 고운 빛깔이 보이지 않고, 귀머거리에게 아름다운 새의 노랫소리가 들

리지 않는 것과 같지. 허나 슬프게도 이 세상에는 쿵쿵 뛰고 있는 데도 아무것도 느끼지 못하는, 눈멀고 귀먹은 가슴들이 수두룩하단다.

가끔 내 안에서 공허한 바람이 요동치는 이유를 알았다. 가슴으로 느끼지 못한 시간이 모두 사라져 버린 탓에 속이 허해진 것이다. 나를 들여다보고, 자아의 소리를 찾지 않는다면 우리는 베포처럼 일에 대한 자부심을 잃고, 기기처럼 상상력을 잃은 사람이 될 것이다.

시간은 풀벌레 소리처럼 작은 소리를 내지만, 고요함 속에서는 분명하게 그 울림을 들을 수 있다. 눈멀고 귀먹은 가슴을 제자리로 돌려놓기 위해, 우선은 놓친 마음부터 고요히 붙들어야 한다.

느리게 갈수록 더 빠를 거야.

지혜로운 삶은 느릴수록 빠른, 신비한 시간의 모음집이다. 해와 달, 유성과 별이 서로 영향을 주고받으며, 시간의 꽃송이는 피고 지기를 반복한다. 느리게 갈수록 우리는 내면 깊숙한 곳에 숨겨진 우주의 소리를 들을 수 있다.

나도 모모처럼 별들의 이야기를 친구들에게 전하고 싶다. 하지만 내 안에서 우주를 품은 찬란한 빛이 자라날 수 있을지, 아직은 확신이 없다. 해와 달, 그리고 별의 음성을 표현하기 위해서는, 나를 들여다보는 시간부터 천천히 가꾸어야 한다. 시간의 꽃을 마주하기 위해, 사람들의 가슴 속 시든 꽃을 되살리기 위해.

사람이란 한갓 자기 안에 있는 시간에 그치는 존재가 아니거든. 사람은 그것보다 훨씬 더 큰 존재란다.

인간은 성장을 멈추지 않는 한, 시간을 초월하여 존재할 수 있다. 모모처럼 눈을 감고 자신의 내면에 귀를 기울이면, 우리도 잃어버린 나와 만날 수 있다. 내가 머물렀던 순간을 넘어, 훨씬 더 큰 존재로 나아가기 위해 - 시간의 꽃을 다시 가슴 속에 불러들여야 한다. 향기롭게 꽃을 피워 해와 달과 별에 이를 수 있도록.

도시의 시간은 독백에 길들여져 사람의 가슴에 공허한 흔적을 남긴다. 그 흔적을 지우려 원형 극장으로 향하면 우리는 모모를 만날 수 있다. 조용히 앉아 풀잎, 나무, 별, 구름의 속삭임에 내면의 주파수를 맞추고 마음을 열어 고요한 평화를 받아들인다. 그러면 시간은 대화에 익숙해져 새로운 기록을 시작한다.

가슴 속, 모모를 만난 날.

부모로 산다는 것 - 감독이 아닌 응원단으로

김성곤의 '완벽한 부모가 아이를 망친다'를 읽고

산도

책 제목을 보는 순간, 마음이 놓였다. 나는 완벽하지 않은 부모니까, 그리고 내 딸은 아직 어리니까. 그래서 이 책을 비교적 편안하게 펼칠 수 있었다.

올해 초등학교에 입학한 딸은 나의 염려와 달리 금세 학교생활에 적응했다. 담임 선생님과 친구들을 빨리 만나야 한다며, 아침마다 무거운 눈꺼풀을 들어 올리는 모습마저 사랑스럽다. 조기 입학이라 혹여 힘들어하지 않을까 걱정했는데, 놀이에 쏙 빠져 웃음 짓는 딸의 얼굴을 보면 가슴속 긴장이 사르르 풀린다.

사실, 엄마가 되는 일은 누구에게나 처음이라 서툴 수밖에 없다. 그래서 늘 '초보 엄마'라는 꼬리표가 따라붙고, 그만큼 마음 한 켠에는 미안함이 자란다. 정보가 넘쳐나는 시대지만, 그 속에서 우리 아이에게 꼭 맞는 것을 골라내고 판단하는 일은 생각만큼 쉽지 않다. 검색 한 번에 쏟아지는 방대한 자료와 '교육에 좋다'는 책들이 끝없이 이어져, 오히려 길을 잃을 때가 있다.

나는 나 자신에게 조용히 말해 본다. '그래도 내 아이를 가장 잘 아는 사람은 나야.' 아이는 아직 어려서 세상에서 가장 사랑하는 사람이 부모이고, 부모의 말에 조용히 귀 기울이는 순수함 속에 머물러 있다. 원하는 장난감이 있어도 약속한 조건을 기억하며 기다릴 줄 알고, 끝내 그 약속을 지켜 손에 넣는 모습을 보여준다. 학교에 다니기 시작한 뒤로 친구들과 어울려 노는 시간이 가장 즐겁다며 자주 이야기한다. 나는 그 말을 들을 때마다 아이가 사회 속에서 조금씩 자기 자리를 찾아가고 있다는 생각에 마음이 놓이고, 그저 고맙고 사랑스러울 뿐이다.

이제는 내가 보지 못하는 곳에서도 아이가 스스로의 방식으로 잘 살아가고 있음을 느낄 때면, 조금씩 독립적인 존재로 자라난다는 사실에 뿌듯함과 아련함이 함께 밀려온다.
그렇게 천천히, 또 단단하게 커가는 모습을 지켜보는 일은 내게 큰 기쁨이자 위로다. 물론 아직 서툰 부분도 있다. 예를 들어, 딸은 어릴 적부터 낯선 사람에게 인사하는 것을 어려워했다. 나는 그 이유를 안다. 처음 보는 사람 앞에서 느끼는 어색함과, 상대가 먼저 다가와 주기를 바라는 조심스러운 마음 때문이다. 그래서 인사를 강요하지는 않지만, 사회 속에서 지켜야 할 약속들도 있기에 내가 먼저 이웃에게 인사하고, 딸에게도 부드럽게 권한다. 딸에게

예의를 가르치려다 보니 나도 모르게 인사가 더 정성스러워진다. 가끔 이런 내 모습을 발견하면 피식 웃음이 난다. 아이를 키우며 나 또한 성장하고 있다는 사실이, 아이를 더욱 사랑스럽고 소중하게 만든다.

'완벽한 부모가 아이를 망친다'는 '헬리콥터 부모'나 '과잉보호' 같은 현대 육아의 문제를 다루며, 아이를 '잘 키우고 싶다'는 부모의 선의가 때로는 아이의 자율성과 회복탄력성을 해칠 수 있다는 사실을 짚어낸 책이다. 저자는 풍부한 사례와 연구를 바탕으로, 아이가 실수하고 실패하는 경험 속에서 진짜로 성장할 수 있다고 강조한다.

아이가 점점 자라며 사회 속에서 관계를 맺어가는 모습을 보면서, 나도 모르게 '나는 좋은 부모일까?'라는 질문을 자주 던지게 되었다. 무엇이든 잘 챙겨주고, 실수마저 막아 주고 싶은 마음이 과연 아이에게 도움이 될까 고민하던 차에 이 책을 만나게 되었다. 『완벽한 부모가 아이를 망친다』는 육아 가뭄에 시달리던 내게 단비처럼 스며들었다.

진정한 어른으로 자녀와 함께 성장하기

첫째, 개방적인 마음입니다.

둘째, 균형 잡힌 감정 조절입니다.
셋째, 통찰력입니다.

책을 읽으며 다시금 깨달았다. 아무리 내가 열심히 가르치려 해도, 결국 딸이 직접 느끼고 깨달아야 진짜 배움이 된다는 것을. 부모로서 해줄 수 있는 일은 생각보다 많지 않다. 다만 걱정을 담은 조언을 건네고, 더 나은 길을 보여주며 아이가 스스로 선택할 수 있도록 곁을 지켜주는 일뿐이다. 더욱이, 지금 내가 알고 있는 기준이 훗날에도 유효할지는 누구도 알 수 없다. 아이가 자라 내 나이가 될 무렵에는 어떤 직업이 안정적인지조차 예측하기 어렵고, 세상은 지금보다 훨씬 빠르게 변해 있을지도 모른다.

하루하루를 살아가는 것만으로도 벅찬 오늘의 세상 속에서, 아이들은 더 복잡하고 치열한 현실을 마주하고 있다. 책 속에서 묘사되는 삶 역시 어느 때보다 경쟁이 심하고 고단했다. 그래서일까, 내 아이가 앞으로 마주할 미래를 떠올리면 괜스레 마음이 짠하고, 더욱 애틋해진다. 내가 아이에게 해줄 수 있는 건 완벽한 조력이 아니다. 실수할 수 있는 용기와, 실패해도 다시 일어설 수 있다는 믿음을 심어주는 일이다. 그것이 부모로서 아이에게 건넬 수 있는 가장 열렬한 응원이자 따뜻한 조력이 아닐까?

책에서 가장 인상 깊었던 내용은 '부모는 감독이 아니라 응원단이 되어야 한다'는 메시지였다. 아이가 잘했을 때는 칭찬해 주고 실수했을 때는 위로해 주는 것. 생각해 보면, 그것이야말로 부모가 해줄 수 있는 가장 본질적인 역할이라는 생각이 들었다. 우리는 아이의 인생을 대신 살아줄 수 없기 때문이다.

또 하나 마음에 깊이 남았던 건, 부모 자신도 자신의 삶을 놓치지 말아야 한다는 이야기였다. 부모가 자기 삶을 행복하게 살아가는 모습, 그것이 아이에게 줄 수 있는 가장 큰 선물이라는 말에 깊이 공감했다.

우리 부부는 이 부분에서 특히 고개를 끄덕이며 서로를 돌아보게 되었다. 우리는 평소에도 아이 앞에서 사랑한다는 말, 고맙다는 표현을 자연스럽게 나눈다.

"엄마 아빠는 서로 없으면 못 산다."라는 말을 자주 들려주고, 가족을 위해 애쓰는 모습에는 언제나 아낌없는 응원과 지지를 보낸다. 또 자주 이야기한다.

"나중에 늙어서도 우리는 함께할 거니까, 지금 서로에게 더 잘하고 더 많이 사랑하자"

그런 마음은 말뿐 아니라, 행동과 표정, 그리고 사소한 손길 속에도 자연스럽게 배어 있다. 억지로 하는 것이 아니라, 서로를 아끼는 마음이 일상 속에 녹아 있는 것이다. 우리가 서로를 아끼고 사랑하는 모습을 통해, 아이도 '사랑받는다는 것', 그리고 '사랑할 수 있는 사람으로 자란다는 것'의 의미를 배워가고 있다고 믿는다.

'완벽한 부모가 아이를 망친다.'

책에서는 말한다.

우리가 흔히 떠올리는 행복한 가정에는 몇 가지 공통적인 특징이 있다. 가족 구성원들이 서로 사랑하고 존중하며, 열린 마음으로 소통하고 서로를 이해한다는 것이다.

우리는 종종 어려운 가정환경을 극복하고 성공한 사람들의 감동적인 이야기에 깊이 빠져든다. 하지만 그들의 마음에 남은 지울 수 없는 상처를 과연 돈이나 명예로 치유할 수 있을까? 어쩌면 그들이 진정으로 바라는 것은 특별한 성취가 아닌, 사랑하는 가족과 함께하는 평범하고 평화로운 일상일지도 모른다. 그런 소박한 행복이야말로 우리 모두가 마음 깊이 갈망하는 진정한 행복의 모습이 아닐까 하는 작가의 생각에도 공감이 되었다.

삶에서 공부도 물론 중요하지만, 이 책에서는 그것보다 더 본질적인 것들, 아이 스스로의 선택, 가족의 지지, 그리고 일상의 소소한 행복에 대해 이야기하고 있어서 특히 인상 깊었다. 단순히 성적이나 결과만을 좇기보다 삶의 방향을 스스로 고민하고 조용히 성장해 가는 과정을 소중히 여겨야 한다는 메시지가 마음에 깊이 와닿았다.

하지만 현실은 녹록지 않다. 아무리 누가 뭐라 해도 대한민국에서 좋은 대학과 좋은 학과는 여전히 부모와 자녀가 가장 중요하게 여기는 가치다. 나 역시 자녀가 명문대에 입학하기를 바라는 마음에서 자유롭지 못하다. 솔직히 말해, 인구가 줄어들더라도 대학의 중요성은 쉽게 사라지지 않을 것 같다. 4차 산업혁명 시대가 도래하면서 직업의 패러다임이 바뀌고 있지만, 전문성을 갖춘 인재는 여전히 필요하다. 단순히 기술만 익히는 게 아니라, 이론적 토대와 심화된 지식을 갖추는 것이 더욱 중요해졌고, 뷰티나 미용 분야에서도 석사나 박사 학위를 취득하는 사례가 늘고 있다.

하지만 대학 진학이 모든 이에게 꼭 필요한 길은 아니다. 정말 중요한 것은, 아이 스스로 자신이 무엇을 원하는지 알고, 목표를 이루기 위해 어떤 준비가 필요한지를 분명히 아는 것이다. 물론 앞으로 상위권 대학의 문턱은 점점 더 높아질 테고, 특별한 재능이 없다면 일단 공부에 집중해 보는 것도 현실적인 선택이 될 수 있다. 공부를 해나가는 과정에서 오히려 예상치 못한 적성이나 흥미를 발견하게 되는 경우도 있기 때문이다.

부모로서 내가 할 수 있는 일은, 아이가 탐색과 성장을 해나갈 수 있도록 곁에서 기다려 주는 것이다. 아이가 공부에 몰입할 수 있는 환경을 만들어 주고, 언제든 돌아올 수 있는 정서적 안정 기지가 되어 주는 것. 그것이 결국 부모의 가장 든든한 역할이다.

책을 덮으며 다시금 다짐했다. 완벽하지 않아도 괜찮다고. 오늘도 나는 여전히 초보 엄마지만, 그만으로도 충분하다. 아이도 나도 각자의 자리에서 조금씩 성장해 가는 것이 가장 중요하다는 걸 깨달았으니까. 세상에는 참 많은 길이 있고 정답은 없다는 걸 다시 느낀다. 나 역시 엄마로서 생계를 꾸려가며 매일 치열하게 살아가지만 마음 한편에는 늘 배우고 성장하고 싶은 갈증이 있다. 그래서 오늘도 이렇게 글을 쓰며 나를 다잡는다.

내 아이도, 나도 완벽하지 않아도 좋다. 중요한 것은 멈추지 않고 배우려는 자세와 자기만의 길을 용감하고 지혜롭게 찾아가는 힘이다. 현명한 부모로서 아이와 나, 가족 모두를 응원하며 함께 성장하고 싶다.

천천히, 그리고 꾸준하게.

욕망은 누구의 것이었을까?

에밀 졸라의 '여인들의 행복 백화점'과
헨리 데이비드 소로의 '월든'을 읽고

온유

"등기입니다! 집에 계신가요?"

백화점에서 보내온 보라색 VIP 카드가 또 한 번 내 앞에 도착했다. 익숙한 봉투였다. 몇 해 전만 해도 이 카드를 받으면 괜히 허리를 세우고, 쇼핑백 속 물건보다 내가 더 반짝이는 듯한 기분이 들곤 했다. 내 이름이 인쇄된 금박 카드 한 장이 '괜찮은 고객'이라는 조용한 환호처럼 느껴졌으니 말이다. 조금 더 반듯하고 균형 잡힌 삶을 살고 있다는 착각.

하지만 올해는 달랐다. 우체부 아저씨의 패드에 사인을 하는 내 마음이 예전 같지 않아 봉투를 들고 한참을 망설였다. 손끝에는 설렘이 아닌 피로가 닿았고, 반짝이는 로고는 어쩐지 과장된 것처럼 느껴졌다. 그 안에 담긴 건 몇 퍼센트의 할인 혜택이 아니라, '그때 왜 샀더라' 싶은 물건들과, '이젠 왜 안 설레지' 싶은 마음의 잔해였다.

한 번은 샤넬 가방 신상이 나왔다는 소식을 듣고 백화점 매장 앞의 긴 대기 줄에 선 적이 있다. 매장은 유난히 붐볐고, 기다리는 사람들 사이에 나도 조용히 줄을 섰다. 유리문 안쪽에서는 하이힐 소리가 또각또각 울리고, 은은한 향수 냄새가 공기를 타고 번졌다. 계절보다 한 박자 빠르게 바뀐 색감들이 조명 빛에 반사되어 반짝이고 있었다.

원했던 색상이 있었던 것도 아니고, 특별히 마음을 끌던 디자인도 없었다. 그럼에도 그 시간을 헛되이 보내고 싶지 않다는 마음에, 결국 손에 든 건 '갖고 싶었던 물건'이 아니라 '기다린 시간에 걸맞은 지출'이었다. 그 순간엔 몰랐지만, 지금 돌아보면 소비는 물건을 향한 열망이 아니라, 소비했다는 사실로 스스로를 안심시키려는 감정에 더 가까웠다. 한때는 '나를 위한 선물'이라 믿었던 것들이 되돌아보니 남에게 보이기 위한 치장처럼 느껴졌다. 욕망이라는 건 참 교묘하다. 내 안에서 피어난 줄 알았지만, 자세히 들여다보면 바깥을 향한 시선이 뿌리처럼 깊게 얽혀 있다.

"여자는 그 자신이 소비의 대상이 되었고, 동시에 소비의 도구가 되었다."

그때, 오래전부터 마음속에 잠들어 있던 질문 하나가 또렷해졌다.

"이 욕망은, 정말 내 것이었을까?"

물음은 삶의 풍경들을 낯설게 비추기 시작했다. 그리고 마침내, 두 권의 책이 조용히 다가왔다. 에밀 졸라의 '여인들의 행복 백화점'과 헨리 데이비드 소로우의 '월든'이다. 하나는 욕망이 설계한 세계를 해부했고, 다른 하나는 욕망으로부터 한 걸음 물러서 삶을 다시 정의했다. 서로 다른 시대의 공간과 언어를 품고 있지만, 이 두 책은 묘하게도 같은 질문을 건넸다.

"당신은 지금, 정말 당신의 삶을 살고 있습니까?"

'여인들의 행복 백화점' 속 드니즈는 세련되고 정교하게 조율된 소비의 세계에서 조용히 자신만의 리듬을 지켜 나간 인물이다. 팔리지 않음으로써 자신을 지켰고, 진열된 물건들 사이에서 자신을 값으로 환산하지 않았다. 가장 조용한 방식으로 가장 단단한 저항을 보여준 사람이다. 드니즈의 침묵은 화려한 옷보다 더 두드러졌고, 신념은 향수보다 더 오래 남았다. 그녀의 모습을 바라보며 누군가의 기준안에서 내가 살아오진 않았는지 되물었다. '사야 할 것'과 '가지고 싶은 것'의 경계, 그 경계를 무심코 넘나든 습관들을 돌아보게 했다.

숲으로 들어가 스스로를 비우며 삶의 본질을 찾고자 했던 소로우는 이렇게 말했다.

"사람이 새롭지 않으면, 새 옷이 다 무슨 소용인가."
"도구를 갖기 위해 일을 한다면 이미 삶의 우선순위는 뒤바뀐 것이다."

자연으로 들어가 본질을 마주하고자 했던 소로는 삶을 구성하는 요소들을 최소화하며 '나답게 사는 일'에 집중했다. 그의 고요한 실험은 내가 지나온 시간을 다시 보게 했다. 쌓인 물건, 반복되는 지출, '갖고 싶어서'가 아닌 '남들이 가지니까' 사야만 했던 소비들.

남편과 다정히 마트를 다녀온 날이었다. 별다를 것 없는 저녁이었지만, 함께 카트를 끌고 장을 보고 계산대에 나란히 선 그 시간이 왠지 오래도록 마음에 남았다. 분명 장바구니를 가볍게 채울 줄 알았는데, 어느새 카트는 높이를 훌쩍 넘긴 물건들로 가득 부풀어 있었다. 집에 돌아와 냉장고 문을 열다 멈칫했다. 이번에도 어김없이 같은 음료, 같은 소스들이 장바구니를 채우고 있었기 때문이다. 매번 사두고도 끝내 다 쓰지 못해 버리게 되는 익숙한 것들이 그 자리를 지키고 있었다. 이것이 나의 습관이었고, 나는 그 사실을 별일 아닌 듯 넘기며 살아왔다.

　살면서 버리는 것은 물건만이 아니다. 의도 없이 반복한 선택들, 무심히 흘려보낸 말들, 놓치고 돌아보지 못한 마음들이 모두 그러하다. 이 모든 것들 사이에서, 요즘 나는 조금 더 의식적인 삶을 꿈꾸고 있다. 공허하거나 후회스러운 건 아니다. 오히려 지금의 삶은 다정하고 충분하다. 다만 같은 풍경 속에서도 조금 더 나은 나로 살아보고 싶다는 고요한 다짐 하나쯤은 품고 싶어진다. 그 다짐은 '월든'을 읽고 난 뒤에 더 또렷해졌다. 소로는 삶의 본질을 확인하고자 숲으로 향했다. 그가 택한 고요는 도피가 아니라 선택이었다. 삶이 본래 어떤 것이어야 하는지를 묻기 위해 도시의 언어 대신 자연의 문장을 빌렸다.

"나는 삶의 본질만을 마주하고 싶었다. 삶이 아니라면 그것을 거부하고, 진정한 삶이라면 그 깊이를 살아보고 싶었다."

　옷 두 벌, 한 권의 책, 한 개의 침대, 채우는 대신에 덜어내면서 소로는 자신을 비움으로써 더 많은 것과 연결되었다. 걷고, 생각하고, 글을 쓰는 삶은 단순한 리듬 속에서 진짜 풍요를 피어나게 한다. 그 고요한 문장은 일상을 다시 바라보게 했다. 드니즈가 백화점의 중심에서 자신을 잃지 않았듯, 소로는 침묵 속에서 자신을 새롭게 정의했다. 두 사람이 남긴 삶의 태도는 결국 하나의 문장으로 귀결된다.

"자신을 잃지 않는 삶은 가능하다."
"그들은 이웃의 삶을 기준으로 자신을 설계했고, 그 기준이 불러온 무게를 평생 짊어지고 살아간다."
"가난하게 살지 않아도 될 것을, 평생 가난에 쪼들리며 산다."
"우리는 다시 깨어나서 그 상태로 계속 머물러 있는 법을 배워야 한다."

깨어 있다는 것은, 남들이 다 갖는 그것을 따라 사지 않는 용기, 질문을 멈추지 않는 태도, 그리고 나를 나로서 지키고자 하는 마음을 잃지 않는 일이다.

책장을 덮은 후, 생활의 결들을 다시 읽기 시작했다. 커피를 마시는 속도를 늦췄고, 계절이 바뀔 때마다 옷을 사야 한다는 조급함 대신 창밖 풍경이 어떻게 달라지는지를 살피기 시작했다. 손으로 일기를 쓰기 시작했는데 틀린 맞춤법은 괜찮았다. 중요한 건, 그날의 감정을 나에게만 들릴 만큼의 목소리로 적어두는 일이었다. 쇼핑몰보다 서점에 오래 머물게 되었고, 사람들의 후기보다 나의 감각을 믿어 보기로 했다.

언젠가부터는 '기록되지 않는 시간'이 오히려 더 오래 남는다는 걸 알게 되었다. 적어두지 않았지만 지워지지 않는 장면들이 있다. 그건 일기장에 남지 않았지만, 매번 마음이 흔들릴 때마다 가장 먼저 떠오르는 순간들이었다. 햇빛이 드는 오후, 남편이 말없이 씻어둔 과일 한 조각, 아들의 질문을 밀어내지 않으려 애쓰는 눈빛까지. 그 모든 순간이 내 안의 '있음'을 조용히 일깨워 주었다.

백화점은 여전히 익숙하다. 눈길을 끄는 화려한 조명과 사람의 흐름이 자연스레 움직이는 공간, 그 모든 것이 나쁘다고 말하고 싶진 않다. 다만 이제는 그 반짝임 속에 나를 함께 진열하지 않기로 마음먹었다. 삶을 이루는 수많은 것들 가운데, 과연 '진정한 소유'라 부를 수 있는 것은 무엇일까? 이 물음은 여전히 내면을 맴돌며, 조용히 나를 흔든다. 타인의 시선에서 한 걸음 비켜나, 외부의 기준이 아닌 고유한 리듬을 지켜 낸 드니즈와 소로처럼 나도 그들의 리듬에 맞춰 살아가고자 한다. 가짐보다 중심을, 채움보다 여백을 먼저 떠올리는 하루. 결국 지켜야 할 것은 무언가를 갖는 능력이 아니라, 무너지지 않고 남기는 방향성일지도 모른다. 욕망의 진열장을 지나 삶이라는 숲을 걷는 여정은 더디지만, 조용히 나를 닮아가고 있다. 그리고 그 길 위에 선 내 삶이 빛보다 오래 머무는 숨결이 되기를 바란다.

내 안에서 자라고 있던 질문 하나.

'나는 나의 삶을 어떻게 진열해 왔는가?'

그 물음의 끝에서, 나는 이제 소유보다 중심을 택하는 법을 배우고 있다. 욕망을 정리하고 여백을 채우는 이 사적인 시도는 내게 삶의 첫눈처럼 소중한 기록이다.

공부해라, 성실해라, 사랑해라, 너의 삶을 살아라!

정재찬의 '우리가 인생이라 부르는 것들'을 읽고

민(旼)

난 삶에 대해 아직도 잘 모르기에 너에게 해줄 말은 없지만, 네가 좀 더 행복해지기를 원하는 마음에 내 가슴속을 뒤져 할 말을 찾지.

시간을 초월할 수만 있다면 나를 포함한 모든 아이에게 해주고 싶은 한마디가 아닐까. 『우리가 인생이라 부르는 것들』이라는 책에서 내 마음이 적힌 글을 우연히 찾았다. 눈을 지그시 감고서 나는 책을 꼭 안아주었다. 해줄 말을 마음에서 찾기가 버겁다는 표현이 과하지 않은 것이다. 아이의 행복을 오롯이 바라는 만큼 불행을 영원히 치워 줄 수도 없다는 것을 알고 있어서일지도 모른다.

아이들은 점점 몸이 커지고 우주처럼 생각도 깊어진다. 나의 인생도 무르익어 가지만 나이가 들어가는 것은 어쩔 수 없는 서글픔이라. 그럼에도 내가 한 일 중 최고는 내 아이들을 키운 것이 아닐까? 인생에 뿌린 겨자씨 두 알이 이제는 나의 우주가 되었다. 불행하더라도 감수하는 방법을, 행복하다면 나누는 방법을 깨치길 바라는 성인군자 같은 소리로 아이들을 키웠다. 사실은 내가 아등바등 아이들을 쫓아다니며 더 많이 깨우치고 뉘우치는 모양새인데 말이다.

『우리가 인생이라 부르는 것들』은 삶의 언어를 찾는 열네 번의 시 강의로 구성된 책이다. 여러 편의 시와 필자의 강의가 붙어있으니, 내용은 어렵지 않았고 즐거운 국어 수업 같았다. 나는 이 책의 표지에서 받은 감동을 아직도 잊지 못한다. 책 바탕을 감싸고 있던 푸른 바다가 시원스레 나를 유혹하고 있었기 때문이다. 대청에서 바라본 듯, 슬쩍 나무 바닥도 보이고, 산홋빛 시폰 커튼이 살짝 가리고 있는 바다를 바라보며 저 자리에서 아이들에게 시를 읽어 주면 딱 좋겠다고 생각했다.

인생을 공부해라

나는 아이들과 함께 인생을 공부하고 있다. 입버릇처럼 '공부해라'를 여느 엄마들처럼 시전했지만, 이제는 그러지 않기로 했다. 그래서 요즘은 내가 '공부하기'를 몸소 보여주고 있다. 이것은 진심을 가득 담아서 '진짜 보여주기'가 되어야 한다. 그러려면 일상을 면밀히 관찰하는 습관을 들여야 한다. 그러다 보면 우연히 찾은 정보들 사이에서 보석 같은 진실을 발견하는 것이 얼마나 즐거운지 깨닫게 된다. 아이 스스로 찾지 못하는 보석은 가까이 놓아주고, 보석을 찾기 위한 방법을 읽게 하고, 스스로 보게 하는 것, 그게 바로 내가 공부하는 이유이다.

'아마추어처럼 왜 이래'라는 유행어는 아마추어가 가진 본래의 아름다운 의미를 잃어버렸다. 아마추어의 원래 뜻은 '애호가', 즉 '사랑하는 사람'이다. 나는 우리 아이들이 공부에 있어서 아마추어로 남았으면 좋겠다. 진심으로 즐기다 보면 좋은 결과를 얻는 날도 있고, 예상치 못한 결과로 상처를 받는 날도 있을 것이다. 하지만 아마추어는 절대 꺾이지 않는다. 배우는 것을 즐기는 자는 그 과정 자체를 사랑하기 때문이다. 나도 내가 좋아하는 것은 과정을 즐긴다. 결과가 예상 밖이라도 실망하지 않는다. 그 결과가 다음 나의 행보에 동력이 되어 줄 것이기 때문이다.

"오늘은 뭘 실패했어?"

나는 때로 이런 질문을 해서 아이들을 당황하게 한다. 얼마든지 실패해도 된다고 안심시킨다. 너희들이 사는 사회에서는 실패해도 회복하는 능력이 훨씬 큰 열매를 준다고 알려주는 것이다. 많이 틀리고 실수한 날에는 칭찬도 해준다. 그만큼 이젠 네가 어디서 실수한 지를 알아내야 하니, 그 과정이 공부고 알아내면서 즐기자고. 이런 태도는 나도 공부를 통해 알아낸 것이다. 결과보다는 과정이 중요하다는 것은 '진짜 보여주기'로 아이들에게 물려 줄 엄마의 보석인 셈이다.

성실한 인생을 살아라

잊을 만하면 찾아오는 좌절이 있다고 하더라도 생선 뼈 마디마디 발라내듯 미끈하게 빠져나올 줄도 알아야 하고, 그러려면 수저 한 벌마냥 가지런히 몸과 마음을 가눌 줄 알아야 합니다.

나는 이 대목이 무척 마음에 들었다. 몸과 마음을 가지런히 둘 줄 알아야 한다는 것이 살다 보니 얼마나 중요한 일인지 나는 불혹이 되어서야 깨달았다. 몸과 마음을 가지런히 두려면 매우 성실해야 한다. 마음이 앞서거나 몸이 뒤서거나 해서는 안 되기 때문이다. 몸이 지치고 마음이 다쳐서 인생이 고르지 못하더라도, 슬플 땐 성실하게 슬퍼하고 우울할 땐 우울하다고 말해야 한다. 그것이 성실이다. 성실은 꾸준함이다. 성실은 정직함이다. 성실은 밝고 긍정에 가깝다. 하지만 부정적인 일이 닥쳤을 때 굳이 비관적으로 생각할 필요는 없다고 작가는 이야기한다. 비관적인 것은 불성실하다는 논리는 맞지 않다. 세상에는 정당한 우울도 많기 때문이다. 내 몸을 빌린 슬픔이 홀연히 지나가고, 기쁨이 우연히 지나가도록 성실하고 가지런하게 사는 인생이야말로 진실한 인생이 아니겠는가.

마음만 성실해지자는 소리가 아니다. 몸도 성실해야 한다. 내 몸을 잘 다루고 쉬게 해주는 것이야말로 성실한 인생이다. 노쇠한 육신을 평생 성실히 돌보았다면 그 사람의 몸은 성실히 늙어 갈 것이다. 젊음을 방탕하지 않게 성실히 다룬다면 자연히 몸이 많이 상할 나이에도 그 몸은 우리의 마음을 다치게 하지 않을 것이다. 내 마음대로 걸을 수 있고, 먹을 수 있다는 것은 노인에게도 큰 복일 것이다. 성실은 현시대를 살아가는 필수 요소이며 인생의 큰 틀이라고 생각한다. 성실하게 인생을 살아서, 실패하고 좌절한 사람을 나는 여태 본 적이 없다.

너의 인생을 사랑해라

사랑의 존재론을 알고 싶다면 『어린 왕자』를 펼치라는 작가의 이야기를 읽으며, 잊고 있던 어린 왕자와 여우의 이야기가 떠올랐다.

네가 나를 길들인다면 우리는 서로를 필요로 하게 된단다. 너는

나에게 세상에서 단 하나뿐인 존재가 되는 거야. 나는 너에게 단 하나뿐인 존재가 되고.

나는 인생이 한 번만 받는 가장 의미 있는 선물이라고 생각한다. 그것을 모르고 지나가 버리는 사람들은 짙은 후회 속에서 더 가치 있게 선물을 쓰지 못한 걸 끝내 아쉬워한다. 내 인생을 소중히 여기며 즐기고 사랑한다면, 애초에 그런 후회는 없지 않을까? 어린 왕자와 여우처럼 내가 내 인생을 길들이고 소중하게 생각한다면 말이다. 작가는 어린 왕자와 여우의 다른 일화를 더해서 인내심에 관한 이야기도 담았다. 침묵을 지키는 인내심, 나는 인생에서 이것만큼 중요한 덕목은 없다고 생각한다. 침묵은 때때로 인생을 더욱 가치 있게 해주고, 관계를 돈독하게 해준다는 것을 이미 많은 시행착오로 깨달은 바 있기 때문이다. 정말 중요한 것을 마음으로 보아야 한다는 부분도 『어린 왕자』를 통해 작가는 강조한다.

마음으로 보아야 해, 정말 중요한 것은 눈으로는 보이지 않아.

그렇다. 인생에서 정말 중요한 것들은 대부분 눈에 보이지 않는다. 마음을 바르게 하고 인내심을 가지고 지켜봐야 한다. 내 인생을 사랑하고 침묵의 존엄을 이해하자. 통찰을 통해 중요한 것은 마음으로 보고 인생을 길들이며 살아가야 하겠다. 이 책은 내가 이미 알고 있는 부분에 토실토실 살을 채워 주었다.

너의 삶을 살아라

사람은 페르소나가 필요하다. 페르소나는 '탈(가면)'이라는 뜻으로 인간은 누구나 탈을 쓰고 살아간다는 말이기도 하다. 작가는 '역할'에 대해 나와 비슷한 결의 생각을 하고 있었다. 인간은 누구나 어울리는 역할에 맞는 가면을 쓰며 살아가야 하고, 그 탈은 타인을 위해서가 아닌 자신의 배역을 충실히 해내기 위해 쓴 마스크라는 사실이다. 그것을 포함한 부분까지가 나 자신이라는 이야기는 공감을 넘어 사회적 가면의 필요성을 강조했다.

인생을 살아가기 위해 얼마나 많은 가면을 쓰며 인간은 외로워할까? 가면 속 자아는 쉬지 않고 질문을 한다. '너는 누구인가?', '너는 무엇을 위해 살고 있나?' 이런 질문에 인간은 내면과 끊임없이 대화하며 하나의 인격체로 성장해 나간다. 끊임없이 새로운 자아를 형성하고 초월해 나가는 과정에서 '개성'은 선물처럼 찾아오는 것이다. 타인과 다름을 인정하고 나만의 가면을 쓰고 살아가는 것이야말로 인생의 진짜 이야기가 아닐까? 방탄 소년단의 노랫말처럼 수많은 페르소나 가운데 어느 것은 살면서 버려질지도 모른다.

아니면 평생 쓰고 싶은 페르소나를 만날지도 모른다. 타인을 알아가는 것만큼 나는 이 과정이 중요하다고 생각한다. 자기반성과 변혁의 과정이 없다면 인간은 삶을 온전히 운전해 나갈 수 없기 때문이다.

다른 사람의 인생을 모방하거나 닮고 싶다고 염원만 하는 삶은 그 사람의 진짜 삶이라고 할 수 없다. 삶의 기준은 나 자신이어야 한다. 오랜 세월 나를 길들이고 보살펴 본 사람은 알 것이다. 그 기준이야말로 누구보다 엄격하고 혹독하다는 것을. 그래서 나는 나의 삶을 가면을 쓰면서 다듬어 가고 있다. 평생 가지고 살아가야 할 페르소나와 앞으로 만나게 될 페르소나는 내가 제대로 살도록 내 자아와 치열하게 다툴지도 모른다. 하지만 그런 과정은 지금의 나를 만들었고, 앞으로 더 나은 나를 만들어 가게 될 것이라고 나는 감히 말할 수 있다.

작년 8월에 『우리가 인생이라 부르는 것들』을 처음 읽었다. 독후감을 이제 와 쓰려니 다시 책을 펼치는 수밖에 없었지만 수고로움은 이내 거품처럼 사라졌다. 여러 번 보아도 좋은 글이니 성실하게 다시 읽어보자고 내 자아가 부추겼기 때문이다. 내가 이미 표시해 둔 수많은 줄과 종이 조각들이 안내자처럼 '여길 봐, 여기도 있어!' 하는 통에 찬찬히 처음부터 다시 읽어보지는 못했다. 그러나 화려한 인디언 추장의 머리 장식처럼 붙여 둔 포스트잇 조각들이 가리키는 부분들은 모조리 다시 읽어보았다.

　우리가 인생이라고 부르는 것은 무엇일까? 너무 추상적이고 관념적이라 한마디로 정의하지 못한다. 하지만 이 책은 열네 가지의 조각으로 나누어 시와 함께 보여주고 있다. 나는 그 점이 좋았다. 삶을 단편화하지 않고 여러 갈래로 보여주고 '네 말도 옳고, 네 말도 옳다', '이것도 있고, 저것도 있지'라고 한다. 작가가 대상을 의연하게 수용하는 태도가 마치 너도 이렇게 생각해 보면 좋지 않을까? 하고 권하는 듯했다.

　책을 덮고 나서 다시 표지에 있는 바다 사진을 바라보았다. 바다 앞에 서서 몇 편의 시를 읽고 온 듯한 기분이 들었다. 책 표지마저도 시처럼 내 마음을 끌어당기는구나 싶었다. 한참 동안 책 위에 손을 얹은 채, 나는 결심했다. 저런 곳에서 마음껏 책을 읽고, 글을 쓰며 살아야겠다고. 이 책은 분명 나를 시 가까이로 끌어당겼다. 시를 읽고 쓸 때처럼 인생도 사색과 침묵이 필요하다는 것을 깨달았다. 나는 살아간다는 것을 이렇게 말하고 싶다. 한 편의 시가 아닌, 여러 편의 시를 남기는 것이 바로 인생이라고.

　나도 순수한 아이였던 적이 있다. 지금은 순수한 내 아이들을 길러내고 있지만 말이다. 인생은 이렇듯 연속적이고 유한한 듯 무한하다. 나는 『우리가 인생이라 부르는 것들』을 통해 나와 내 아이들에게 이런 메시지를 남기고 싶다.

인생을 즐겁게 공부하고, 성실하게 살아가며, 길들여 사랑하라고. 그리고 너만의 인생을 진실하게 살아가라고.

2025.04.16.

旼.

미소가 있는 행복한 방

우지현의 '혼자 있기 좋은 방'을 읽고

지인

'오직 나를 위해, 그림 속에서 잠시 쉼! 방 안 가득 따스한 햇살이 비치고, 자그마한 의자가 빛을 받으며 단단히 서 있다. 열린 창 사이로 한 줄기 바람이 불어오자 커튼이 가볍게 살랑인다.'

『혼자 있기 좋은 방』은 작가이자 화가인 우지현의 삶과 감성을 느낄 수 있는 책이다. 그녀의 친절한 설명 하나하나가 그림에 대해 전혀 알지 못하던 나를 여러 번 작품 앞에 머물게 했고, 화가들의 삶을 조금 더 생생하게 느낄 수 있게 도와주었다. 예술가들의 삶을 온전히 이해하지는 못해도, 그림을 통해 그들의 세계를 간접 체험할 수 있다는 사실이 신비롭고 묘한 기분을 불러일으켰다.

화가들에게 방은 다양한 의미를 지닌다. 방은 유일한 도피처이자 은신처, 휴식처다. 인생 전부를 담은 삶의 흔적이기도 하다. 사적인 공간으로서의 은신처에는 조용히 숨고 싶은 방, 완벽한 휴식의 방, 혼자 울기 좋은 방, 오래 머물고 싶은 방이 공존한다. 우지현 작가의 『혼자 있기 좋은 방』을 읽은 모든 이가 저마다의 방에서 자유롭게 머물기를 바란다.

다양한 방 중에서 나는 어떤 방에 살고 싶을까?
그리고, 당신은 어떤 방에 머물고 싶을까?
다니엘 가버의 과수원 창문(1918년)

풍성하게 자란 초록 잎 사이로 노란 꽃들이 얼굴을 내밀고 있다. 방 안 가득 쏟아지는 눈 부신 빛과 파스텔 톤의 화사한 색감이 화면을 채운다. 커다란 창가에 앉아 입가에 미소를 머금은 다니엘 가버의 딸은 과수원 창문에 앉아 여유롭게 책을 읽고 있다. 그는 가족을 그리며 행복한 삶을 살아간 예술가였다.

책을 읽기 전에는 예술가가 천재성에 고통받으며 작품에 몰두하느라 가족을 챙기기 어려울 거라 생각했다. 하지만 다니엘 가버가 따뜻한 시선으로 그려낸 가족의 평범한 일상은 내 편견을 완전히 무너뜨렸다. 그의 그림에는 가족에 대한 깊은 사랑이 배어 있었고, 보는 이에게 편안함을 전했다.

나의 아버지는 항상 일이 먼저였다. 공부를 잘하는 것보다 일을 잘 도와주는 자식을 더 좋아하셨다. 늘 시간에 쫓기고 일에 지친 탓에, 아버지는 자식들에게 다정한 말을 건네지 못했다. 가족 모두가 열심히 일한 덕분에 경제적으로는 풍족하게 살 수 있었지만, 농사일은 늘 버거웠다. 나는 일보다 가족의 사랑을 받으며 살고 싶었다. 사랑하는 딸을 그려주는 다정한 다니엘 가버의 모습을 떠올리며, 나는 책으로나마 따뜻한 위로를 받았다.

일을 너무 많이 하신 탓일까. 요즘 아버지의 몸이 눈에 띄게 쇠약해지셨다. 늘 호랑이처럼 엄격하시고, 누구보다 든든하게 가족을 지켜주시던 아버지. 그런 아버지가 없는 세상은 단 한 번도 상상해 본 적이 없었기에, 변화된 모습을 마주할수록 마음이 아프다. 아버지가 떠나가신 뒤에야 후회하는 자식은 되고 싶지 않다.

다니엘 가버처럼, 지금 이 순간 따뜻한 시선으로 아버지를 바라보고, 있는 그대로의 사랑을 표현하고 싶다. 아버지는 비록 표현에 서툴 뿐, 언제나 깊은 곳에서 자식들을 사랑해 오셨다는 걸 나는 안다. 하지만 내가 아버지의 변화만을 기다린다면, 그 미소를 끝내 보지 못할 수도 있다는 생각이 든다. 그래서 먼저 내가 다가가고 싶다. 어색하더라도 따뜻한 말 한마디, 다정한 눈길 한 번이 우리의 시간을 조금은 더 부드럽게 바꿔놓을 수 있을 테니까. 아버지와 내가, 미소가 흐르는 작은 방에서 함께 웃으며 지낼 수 있기를 바란다. 말은 없어도 마음이 닿고, 눈빛으로 서로의 애정을 확인할 수 있는 그런 날이 꼭 오기를 소망한다.

지나이다 세레브리아코바 화장대에서(1909년)
미소가 예쁜 지나이다가 있는 방에 눈이 멈췄다.

그림 속 아름답게 미소 짓고 있지만 울기 좋은 방에 있는 그녀가 눈에 들어왔다. 화장대 앞에서 예쁘게 화장하며 머리를 빗고 있는 여자는 눈부시게 빛났다. 맑고 총명한 눈동자는 자신감이 풍부했고, 싱그러움이 느껴졌다. 일체의 허영이나 허세도 보이지 않는 꾸밈 없고 자연스러운 표정에 사랑스러움이 묻어났다. 그녀의 긍정적 기운이 다가와 기분이 좋아졌다. 사랑스러운 그녀에게는 평생 행복만 있을 것 같았다. 하지만 러시아혁명으로 갑작스레 남편이 죽고 자식과 헤어지며 그녀의 삶은 산산조각이 났다. 지나이다의 인생은 평범하지 못했고 뼈저리게 아팠다. 불행하고 힘든 상황에도 그림을 그리며 자식을 빨리 보기 위해 노력했다. 하지만 불행은 쉽게 끝나지 않았다. 그녀는 그림을 그리며 하루하루를 버텼다. 오랫동안 자식과 만나지 못하는 삶. 그녀의 삶이 가엽고 안타까워 가슴이 먹먹해졌다. 그녀에게 그림이 없었다면 버틸 수 있었을까?

나는 평소 남편에게 많은 의지를 하며 살아간다. 특히 남편은 내게 늘 든든한 기둥 같은 존재이다. 그런 남편이 3년 전, 식도에 문제가 생겨 '포엠 수술'을 받았을 때, 세상이 무너지는 것 같은 두려움이 밀려왔다. 건강을 지켜야 할 시점에 와 있음에도, 남편은 여전히 술을 좋아하고 자신의 몸을 제대로 돌보지 않는다. 건강에 대한 지나친 자신감이 오히려 가장 큰 위험이 되고 있다. 나는 수없이 말해봤지만, 바뀌지 않았다. 결국 스스로 깨닫기 전에는 어떤 변화도 오지 않을 것이다. 그 사실을 알면서도, 남편을 바라볼 때마다 불안과 걱정이 앞선다. 혹시라도 그가 없는 세상이 온다면, 나는 과연 견딜 수 있을까. 상상조차 하기 싫은 그 공허함이 문득문득 나를 덮칠 때면, 내 마음은 금세 무너져 내릴 것만 같다.

그래서 나는 그녀의 그림처럼 나를 단단히 붙잡아주고, 흔들리는 마음에 중심을 잡아줄 무언가가 간절했다. 그때 내게 다가온 것이 바로 '책'이었다. 책은 조용히 나의 곁에 앉아주었다. 조급하고 불안했던 마음에 잔잔한 물결처럼 스며들었고, 어디에도 말할 수 없던 속마음을 다독여 주었다. 책을 읽는 그 순간만큼은 세상에서 가장 평온한 방 안에 홀로 있는 듯한 안정감을 느꼈다.

책은 내게 위로였다. 그리고 앞으로도 내 마음이 흔들릴 때마다, 조용히 곁에 있어 줄 친구이자 버팀목이 되어 줄 것이다.

지나이다 세레브리아코바 자화상(1956년)

지나이다 세레브리아코바의 일흔두 살 때의 자화상에 눈길이 갔다. 주름이 있지만 예쁜 미소와 은은하고 깊은 눈빛이 제일 먼저 눈에 들어왔다. 그녀의 눈빛은 지친 기색이 보이지 않으며 삶의 고난에 초연하다. 온갖 고통을 겪어내고도 희망을 포기하지 않은 사람의 얼굴은 아름답고 눈부시다. 그녀는 힘들고 고단한 삶 속에서 똑바로 앞을 보고 나아갔다. 평생에 걸쳐 화폭을 지킨 위대한 화가였고 긍정적이며 미소가 예쁜 사람이었다. 불행이 오지 않았으면 좋겠지만 인생은 언제나 행복할 수만은 없다. 불행이 찾아와도 긍정적으로 열심히 사는 그녀의 모습에 깨달음을 얻었다. 그녀의 긍정적인 마음에 나 또한 미소 짓는다. 아무리 힘든 일이 생겨도 그녀처럼 단단해져 미소 짓는 사람이 되고 싶다.

'나는 과연 어떤 삶을 살고 있을까?' 문득 스스로에게 질문을 던져보았다. 나는 겉으로는 잘 웃고, 괜찮은 척하며 살아왔지만, 알게 모르게 타인의 시선을 지나치게 의식하고, 누군가의 사소한 말에도 쉽게 상처받는 사람이었다. 걱정하지 않아도 될 일에 먼저 겁부터 먹었고, 행복을 바라면서도 오히려 나 자신이 나를 힘들게 하고 있었음을 뒤늦게 깨달았다. 그런 나에게 작은 변화의 바람이 불기 시작한 건, 긍정적인 사람들을 만나고, 좋은 책들을 접하면서부터였다.

'행복은 지금 이 순간에 존재한다.' 〈다니엘 가버〉

'행복은 바로 지금, 오직 여기에만 있다. 아끼고 미루다 보면 행복은 영원히 찾아오지 않는다. 내일 세상이 멸망하더라도 나에게 주어진 오늘의 행복을 즐기겠다는 자세로 행복을 느껴야 한다. 먹고 싶은 음식이 있으면 지금 최대한 맛있게 먹고, 읽고 싶은 책이 있으면 꼭 시간을 내서 읽고, 그리운 사람이 있으면 당장 달려가서 만나고, 가고 싶은 곳이 있으면 지금 떠날 수 있어야 한다. 다 하지는 못해도 생각만 하다가 끝나지 않는 삶, 나에게 주어진 시간 속에서 하나씩 실천해 보는 힘, 이런 것들이야말로 일상을 풍요롭게 하고 궁극적으로 삶을 견디게 한다.' 〈우지현 작가〉

'혼자 있기 좋은 방'을 읽으며, 다니엘 가버와 우지현 작가의 문장들이 내 마음 깊은 곳을 조용히 두드렸다. 삶을 바라보는 그들의 사유와 표현은 내 안에 가라앉아 있던 감정들. 잊고 지냈던 진짜 '나'와 조용히 마주 앉게 되었다. 책을 읽으며 좋은 문장을 필사하자 그 시간이 쌓여 내 마음에도 따스한 빛이 스며들었다. 책은 내게 때로는 위로였고, 때로는 삶에 대한 방향을 가르쳐 주는 이정표였다. 즐거움도 있었고, 생각의 깊이도 있었다.

무엇보다 중요한 건, 그 모든 시간들이 내 마음을 조금씩 바꾸어 놓았다는 사실이다. 이제는 매일의 평범한 일상에서도 감사함을 느끼고, 내게 소중한 사람들에게 내 마음을 더 자주, 더 솔직하게 표현하려고 노력하고 있다. 과거처럼 모든 일을 시작도 하기 전에 두려워하기보다는, 할 수 있는 일은 스스로 감당하려 애쓰며, 용기를 조금씩 키워나가고 있다. 내 삶이 언제까지 이어질지는 알 수 없지만, 그 남은 시간만큼은 가족들과 따뜻한 눈빛을 주고받고, 긍정의 말 한마디로 서로를 격려하며 살아가고 싶다. 행복하게 산다는 것은 아무 일도 없는 것이 아니라, 그 속에서도 웃을 수 있는 힘을 기르는 것임을 나는 이제 안다. 때로 불행이 나를 찾아온다 해도 희망을 잃지 않고, 미소를 지을 줄 아는 사람으로 남고 싶다. 나는 다짐한다. 어떤 상황 속에서도 나를 지키며, 희망을 노래하는 사람으로 살아가겠다고.

당신은 어떤 방에 살고 싶나요?

누구나 행복하게 살고 싶다고 말한다. 하지만 시간이 흐르고 나서야 알게 된다. 아무 일도 없던 날이 얼마나 고마운 날이었는지를. 소란스럽지 않아도 좋다. 행복은 특별한 날에만 머무는 게 아니다. 오히려 늘 지나치기 쉬운 일상 속, 소소하고도 다정한 순간들 안에 숨어 있다. 눈부시지 않아도 오래 기억에 남는 빛처럼, 가장 평범한 날들이야말로 마음 깊은 곳에 오래 남는다.

조금 더 따뜻하게 말하고, 조금 더 자주 사랑하자. 내일의 우리가 오늘을 후회하지 않도록. 대단한 성취가 없어도 괜찮다. 마음을 나눌 수 있는 사람과 따뜻한 밥을 먹고, 눈을 마주 보며 웃을 수 있다면, 그것만으로도 삶은 충분하다. 그러니 슬픔이 오기 전에 사랑해야 한다. 다정한 말을 아끼지 말고, 때로는 먼저 마음을 건네야 한다. 서툴고 부족한 하루일지라도 그 모든 날을 함께 나누는 삶이 진짜다. 나는 오늘도 그런 방을 꿈꾼다. 미소가 머물고, 말없이도 서로를 이해할 수 있는 조용한 방. 서로의 존재가 따뜻한 위로가 되는 공간에서, 우리 모두 잔잔한 행복을 오래도록 누릴 수 있기를.

다정함의 빈자리를 뱃살이 채웠나보다

켈리 하딩의 '다정함의 과학'을 읽고

이요림

살몬 빛의 보드랍고 포근한 깃털들이 여기저기 흩날린 책 표지가 눈에 들어왔다. 내가 읽어온 책 중에서도 제법 두꺼운 편에 속했지만, 『다정함의 과학』의 첫인상은 의외로 가볍게 다가왔다. 표지에는 이렇게 적혀 있었다.

'Live Longer, Happier, and Healthier with the Groundbreaking Science of Kindness'

이것을 번역해 보니 이렇게 나왔다.

'다정함의 획기적인 과학으로 더 오래, 더 행복하게, 더 건강하게 살아가세요.'

꺼내어 먹고 싶은 알약 같은 문구! 뭔가 아주 건강해질 것 같은 느낌마저 들었다. 교양 과학 도서이지만, 마치 에세이를 읽는 것 같이 재미있게 술술 읽혔다. 아마 여기서 말하는 '다정함의 획기적'이란, 다정함을 과학적 시선으로 새롭게 해석한 것을 가리킬 것이다. 정신의학 교수 켈리 하딩은 기존의 과학적 근거에만 의존하지 않고, 새로운 관점에서 다정함이 사람들의 건강에 중요한 역할을 한다는 사실을 이 책을 통해 전하고자 하였다.

'다정함의 과학'은 첫 시작부터 나에게 신선한 자극을 주었다. 얼굴에 블로워 풍속을 시원하게 맞아, 머리카락이 흩날리고, 입이 저절로 떡 벌어질 것처럼 놀라운 내용들이었다.

이 책의 저자, 컬럼비아 의대 교수인 켈리 하딩 박사는 건강을 좌우하는 숨겨진 요인을 찾기 위해 여러 실험을 했다. 그 중 '표준 토끼 모델'이라는 실험은 아주 인상적이었다. 실험하는 모든 토끼들에게 고지방 사료를 먹인 뒤, 여러 가지 수치를 확인했다. 그 결과, 대부분의 토끼들에게서 콜레스테롤 수치가 높게 나타났으며, 심장마비나 뇌졸중에 걸릴 확률도 높은 상태였다. 하지만 유독 한 무리의 토끼들만은 다른 토끼들에 비해 혈관에 쌓인 지방 성분이 60%나 적었다.

켈리 하딩 박사는 이 이상한 점을 파헤친 끝에, 뜻밖의 사실을 알게 되었다. 그것은 바로 건강한 토끼를 돌보았던 연구원의 행동

때문이었다. 이 연구원이 토끼들에게 먹이를 줄 때마다 말을 걸고, 안아주고, 쓰다듬으며 토끼들에게 다정하고 상냥하게 대했던 것이다. 결국 건강을 유지하는 토끼와, 병에 걸리는 토끼의 차이는 식단도, 유전자도 아닌, 바로 '애정'과 '다정함'이었던 것이다.

나는 이 실험 결과에 적잖은 충격을 받았고, 자연스럽게 내 과거를 다시 돌아보게 되었다. 한때는 집에 혼자 있는 시간이 한 시간만 넘어가도 숨이 막힐 듯한 답답함을 느끼곤 했다. 엄마 뱃속에서부터 언제나 동생과 '함께'였던 나로서는(나는 쌍둥이 자매다), '혼자'라는 개념 자체가 낯설고 불편했다. 하지만 아이러니하게도, 내 유년 시절은 대부분 혼자였다. 아픈 동생을 돌보느라 부모님은 늘 바쁘셨고, 자연스럽게 나는 외로움을 일상처럼 받아들여야 했다. 그래서였을까? 나는 혼자 있는 시간이 몹시 싫었다. '독방'이라는 단어를 떠올릴 때조차 '홀로'라는 뜻의 '독(獨)'보다, '독할 독(毒)'이 먼저 떠오를 만큼, 고독과 쓸쓸함은 나에게 늘 무겁고 감당하기 힘든 감정이었다.

하지만 나이를 먹고 나니 혼자 있는 시간이 부쩍 늘었다. 남편이 출근하고, 아이가 학교에 가면 혼자 밥을 먹는다. 그러고 나면 하루 종일 입 한번 열지 않는 날도 많다. 큰일이다. 다정함이 메말라 가는 시간이 점점 길어지고 있다는 뜻이니. 그렇다면, 책에서 말한 것처럼 내 텔로미어가 짧아지고, 생명도 단축되는 걸까? 격정이 앞선다.

세월이 흐를수록 뱃살이 두꺼워진다는 말, 그동안 단순히 신체적인 변화로만 받아들였는데, 이 책을 읽고 나니 전혀 다른 의미로 다가왔다. 세월이 흐를수록 고독의 시간도 함께 불어나기 때문이 아닐까?

또 하나의 흥미로운 실험 결과가 있다.

'많이 핥아주는 어미 쥐는 더 차분하고 여유로운 성향의 새끼를 기르는 반면, 핥는 횟수가 적은 어미 쥐는 예민하고 공격적인 성향의 새끼를 키운다.'

다정함이라는 것이 단순한 태도를 넘어, 생리적 안정감과 성격 형성에까지 영향을 미친다는 점이 인상 깊었다. 책에서는 유대감과 환경이 얼마나 중요한지, 또 사회적 고립이 얼마나 위험할 수 있는지를 알려준다. 심지어 이것이 비만과도 연관이 있다고 했다. 해당 내용을 읽는 순간, 사춘기를 혹독하게 지나온 내 청소년기 시절이 불현듯 떠올랐다.

쌍둥이 동생은 어려서부터 잔병치레가 잦아 집중적인 보살핌을 받았다. 상대적으로 건강했던 나는 부모님의 관심에서 다소 비켜서 있었다. 어릴 적부터 늘 동생보다 체중이 5킬로그램 정도 더 나갔고, 지금은 그 차이가 20킬로그램까지 벌어졌다. 동생은 사춘기도 없이 순한 아이로 바르게 자랐고, 나는 아빠, 엄마의 눈물과 혼을 쏙 빼놓는 아주 예민하고 공격적인 아이로 삐뚤빼뚤 자랐다. 항상 혼나고, 외롭고, 괴로웠던 감정이 내 성향과 신체 변화에 큰 영향을 미치지 않았나 싶다. 어쩌면 다정함의 결핍을 메우기 위해, 내 뱃살이 부지런히 몸집을 키운 건지도 모른다. 그렇게 다정함의 빈자리를, 뱃살이 채웠나 보다.

고도 비만 환자들의 절반 이상이 어린 시절 트라우마를 경험했다고 밝혔다. 또한, 어린 시절 트라우마나, 부정적 경험은 건강에 영향을 미치고, 비만인 성인으로 성장할 수 있는 숨은 위험 요인이라 한다. 비만뿐만 아니라 모든 주요 사망 원인에 대한 명확한 용량-반응 혹은 의사들이 '단계적 패턴'이라고 부르는 현상을 발견했다는데, DNA의 보호막인 텔로미어 분자의 길이에 따라 사람들은 오래 살고, 짧게 산다는 연구 결과도 매우 흥미롭고, 충격적이었다. 책 내용들이 100% 내 안에 반영된다면, 아마 나는 곧 죽음을 맞이하게 될지도 모르겠다.

억울한 마음을 잠시 접어두고, 이 책에서 내가 얻어갈 게 뭐가 있는지 꼼꼼하게 읽어보았다. 내 아이에게는 이러한 불행을 대물려 주고 싶지 않아서이다. 수십 년을 살아오며 굳어진 내 성향을 단번에 바꿀 수는 없겠지만, 아이를 위해 조금씩이라도 변하겠다고 다짐했다. 나는 이제 이 책에서 나오는 회복의 방법을 실천에 옮기며, 나 자신을 위한 연민을 어떻게 키울 수 있을지 고민하고, '마음 챙김' 법을 키워야 한다.

트라우마가 있는 삶에서 개인적인 의미를 찾는 시도는 정신적 고통을 덜어주고 관계의 만족도가 커지며 신체적 건강을 더 좋게 만든다. 단순한 회복력을 뛰어넘는 현상을 '외상 후 성장'이라고 부른다.

- 다정함의 과학 235p -

내가 외상 후 성장을 이룰 수 있었던 데에는 결정적인 계기가 두 가지 있다. 하나는 '모모의 책숲'이라는 문학 동아리 활동이다. 이 활동은 단순한 치유를 넘어, 이제는 내 삶의 호흡처럼 느껴진다. 하루를 쪼개어 살아가는 나에게 이 모임은 쉼표 같은 휴식이자, 내 인생에서 드물게 반짝이는 작은 요새다. 삶과 사람에 지쳐 휘청이는 나를 하나님이 불쌍히 여겨, 내려주신 작은 선물 같다. 그 요새 안에는 님프처럼 내 정신을 올곧게 세워주는 글보샘과 따뜻한 모모 엄마들이 있다. 그분의 마음과 지식, 지혜는 다른 어떤 모임에서도 쉽게 얻기 힘든 소중한 보물이다. 서로 다른 삶을 살아온 사람들이 모여, 성향과 성격은 다르지만 '책'이라는 하나의 공통점으로 연결되어 있다는 것이 참 놀랍고도 귀하게 느껴진다.

좋은 책을 만나 새로운 지식을 배우고, 각자의 기쁨과 슬픔, 다양한 감정을 함께 나누는 '독서 모임' 시간은 내게 가장 따뜻하고 행복한 마음 치유의 순간이다 '모모의 책숲'을 통해 많은 것이 변했고, 나는 삶의 깊이를 조금씩 배워가고 있다.

주기적으로 만나는 사람들이 더 폭넓을수록 감염으로부터 더 많은 '보호'를 받는다고 한다.

이 책에 나오는 내용처럼 '모모의 책숲'은 단순히 지식을 쌓는 활동만 하는 것이 아니다. 이곳은 내 마음이 치유되고, 삶이 회복되는 소중한 공간이기도 하다.

때로는 독후감이나 글 쓰는 일들이 버겁게 느껴질 때도 있지만, 글을 마치고 나면 마음 한편이 꽉 찬 듯, 뿌듯함이 밀려온다. 내 곁에 있는 좋은 사람들과, 늘 긍정적인 마음으로 살아가기를 실천하며, 또한 남들에게 긍정적인 힘을 줄 수 있는 사람이 되어야겠다고 '다정함의 과학' 읽고 다짐했다. 비록 나의 과거는 책에서 경고하는 텔로미어가 짧아지는 삶이었지만, 늘었다 줄었다 하는 내 뱃살처럼 이제부터는 유연하고 부드러운 삶을 살아야겠다고 다짐한다.

사랑과 연결의 힘은 언제나 조용히 승리한다.

책 먹는 여우야, 어디 숨었니?

프란치스카 비어만의 '책 먹는 여우'를 읽고

글보샘

여우야, 여우야 뭐하니?

책 속에 사는 여우는 개구리 반찬 따위는 먹지 않는다. 책을 다 읽은 후 그 위에 소금과 후추를 톡톡 뿌려 꿀꺽 먹어 치운다. 그러고는 아직도 배가 고프다며 금세 새로운 책을 달라고 아우성친다. 책을 사려고 집 안의 모든 가구를 전당포에 맡겨도, 그의 허기는 가실 줄 모른다. 먹으면 먹을수록 허기가 심해지는 독서의 세계.

그는 배고픔을 견디지 못하고 길모퉁이서점에서 책을 훔치기로 한다. 하지만 어리바리한 여우는 훔친 책을 한 입 먹어보지도 못하고 감옥으로 끌려간다. 그가 감옥에서 받은 벌은 '독서 절대 금지'.

책 없이는 하루도 견딜 수 없었던 여우는 미친 듯이 글을 써서 텅 빈 배를 채운다. 그의 재능을 알아본 교도관이 여우의 글을 세상에 내놓자, 이야기는 날개를 달고 온 세상에 퍼져 나갔다. 여우의 글은 독자의 마음을 사로잡았고, 그는 베스트셀러 작가가 되어 책을 실컷 먹는 행복을 누린다.

프란치스카 비어만이 쓴 '책 먹는 여우'를 읽으면 기분이 좋다. 한 손은 책을 잡고 있고 나머지 손으로는 후추를 톡톡 뿌리고 있는 여우 한 마리. 두 귀는 쫑긋, 두 눈은 반짝, 주둥이에는 흐뭇한 미소. 책을 응시하고 있는 그의 표정에서 두근거리는 설렘이 전달된다.

여우 요 녀석, 맛있는 책을 만났구나!

입맛에 맞는 책을 만나는 순간, 일상의 시계가 멈춰 버린다. 심장에서 울리는 미세한 떨림을 조용히 따라가다 보면, 나는 이미 책 속으로 빨려 들어가 일상의 소리를 들을 수 없다. 아침 여섯 시에 씻지 않으면 직장에 지각할 수도 있다는 사실, 빨리 요리하지 않으면 음식물 쓰레기가 될 해동해 둔 고깃덩어리, 다림질을 해두어야 입을 수 있는 남편의 와이셔츠. 평소에 중요하다고 생각했던 것들이 구석으로 밀려나고 흐릿해진다. 구수한 종이 냄새, 달콤한 듯하다가도 쌉쌀한 맛이 나는 묘한 매력의 문장! 나는 여우처럼 코를 박고 침을 질질 흘리며 책을 먹는다.

마음의 귀를 열고 영혼의 단짝을 맞이하려는 순간, 남편이 다가와 어깨를 흔든다.

"뭐해? 오늘 학원 안 가?"

아, 잔인한 현실. 감질이 난다. 하루에 세 끼는 먹어야 하는데 겨우 한 수저 뜨려고 하니 일상이 나를 부른다. 구겨진 와이셔츠를 입은 남편, 감지 않은 머리를 대충 하나로 묶은 나. 신경이 쓰이지 않는다. 아침에 한 수저 맛본 에밀졸라의 '목로주점'이 혀끝을 시작으로 목구멍으로 넘어간 후 마음 전체를 점령하여 정신이 하나도 없다. 무단결근을 하고 서점을 어슬렁거리거나 도서관을 탐닉하는 데 하루를 바치고 싶다.

제기랄, 제기랄, 제기랄……

나는 책 먹는 여우가 아니기 때문에 그럴 수가 없다. 서점 강도가 될 수도, 베스트셀러를 쓸 수도 없기에 일터로 향한다. 책이 없는 감옥, 오직 시간 도둑의 계략에 맞춰 빠르게 움직여야 밥이 나오는 세계.

쓰린 속을 붙잡고 허둥지둥 하루를 살아낸다. 문서를 작성하고, 요점을 찾아내고, 두꺼운 문제집을 분석하고. 영혼이 없는 문장을 핥다가 소화불량에 걸리고, 푸석한 머리칼은 손에 쥐면 바스슥 부서질 것만 같다. 모두가 같은 표정으로, 감옥에 갇혀 있다는 사실도 잊은 채 시간을 흘려보낸다. 아무도 책을 꺼내 소금을 톡톡 뿌려 먹지 않는다. 입맛을 잃은 것이다. 사라진 미각.

나의 빛깔에 가장 알맞은 문장을 한 상 차려 포식하고 싶다. 배고픈 하루, 잠든 미각을 되살리고 싶다. 지하철에서 책을 읽다가 내려야 할 곳을 놓쳤던 당신도 불러내 함께 하고 싶다. 당신 안에 '책 먹는 여우'를 깨워야 할 시간이다. 달콤한 문장 위에 소금을 톡톡 뿌려, 쩝쩝 입맛을 다시며 게걸스럽게 먹어도 좋다. 당신은 책 먹는 여우니까!

맛있다! 달고, 쓰고, 맵고, 시고, 부드러운, 입안에 작은 소용돌이를 몰고 와 심장까지 요동치게 하는 뜨끈한 맛. 그 안에 내가 있고, 당신이 있고, 외로움이 있고, 이 모든 것들이 대화를 나누며 우리를 감싸안는다. 책은 나를 이해한다고, 너그럽게 웃으며 새로운 세계의 다양한 사람을 소개해 준다.

나는 책 속에서 또 다른 나를 만나고 진정한 나를 찾으려고 애쓴다. 나는 한 권의 책을 맛있게 먹은 후 금세 허기가 다가오는 것을 더 이상 우울해하지 않는다. 책 먹는 여우는 될 수 없지만, 책을 사랑하는 기쁨을 누릴 수 있으므로 — 과거에서 미래로, 우물에서 하늘로, 비극에서 희극으로!

항상 새로운 길로 떠날 수 있는, 책 먹는 여우의 행복한 여정. 오늘은 당신과 함께 이 길을 걷고 싶다. 일상에 묻혀 있던, 책 먹는 여우를 만나서…….

좌표

김서령의 '외로운 사람끼리 배추적을 먹었다'를 읽고
사라졌던 마음이 다시 떠오르는 자리

온유

　냉장고를 열었다. 한쪽 구석에 배추 몇 장이 고개를 숙인 듯 냉기가 가득 찬 채로 처져 있었다. 한때 김장을 위한 주연이었는지 모르지만, 지금은 생이 다한 듯 쭈글쭈글해진 잎이 어쩐지 짠해 보여 도저히 버리지 못했다. 며칠 전 친정에서 받아온 들기름을 팬에 두르고 얼른 밀가루옷을 묽게 만들어 쭈글함을 감춰 입혔다. 기름이 튀는 소리가 부엌을 가로질러 퍼졌다. 갑작스럽게 울리는 앰뷸런스 사이렌처럼 침묵을 찍고 번졌다. 죽어 가던 배춧잎이 지글지글 살아나더니 고소한 냄새가 부엌에서부터 퍼져 온 집안을 깨웠다. 혼자 앉아 갓 부친 배추전을 한입 베어 물자, 익숙한 맛과 향이 지친 하루를 편안하게 감싸주었다.

　김장 김치를 담고 남은 배추로 부쳐 먹는 배추전의 맛은 어디에도 비할 수 없다. 달짝지근한 겨울 배추와 신발을 튀겨도 맛있을 법한 기름과 밀가루의 동맹이라니! 입안에서 사각거리고, 고소하며, 속은 은근히 달다. 겉은 기름에 한 번 단단히 눌린 채 바삭하고, 속살은 조용히 겨울밤처럼 녹아내린다. 기름 한 방울이 입천장을 데울 만큼 뜨겁지만, 혀는 자꾸만 배추적을 찾는다. 아마도 익숙함이란 이름의 달콤한 중독이지 싶다. 나는 거짓말 조금 보태서 배추 한 통을 부쳐도 그 자리에서 다 먹을 수 있다.

그날, 그렇게 배추전을 부쳐 먹고 난 오후 마주한 책 한 권, '외로운 사람끼리 배추적을 먹었다.'에 이끌린 건, 순전히 제목 덕분이었다. 맛난 배추전을 외로운 사람끼리 먹었다니 어쩐지 구슬프면서도 유쾌했다. 그리고 음식에 외로움을 얹어 먹는 상상을 하니, 위로와 기쁨의 향연이 자연스레 그려졌다. 그러나 책장을 넘기다 보니 금세 알게 됐다. 배추전의 향연은 결코, 단순하지 않았다. 책에 담긴 음식들은 단순한 '먹을거리'가 아니었다. 배추적, 좁쌀 식혜, 명태 보푸름, 토란대, 진달래 화전, 찔레순 이 모든 것은 한 시대를 견뎌낸 여자들의 손끝에서 나왔고, 말없이 건네진 위로와 사랑의 형태였다. 음식을 따라 걷다 보면, 결국 사람을 만나게 된다. 어머니, 딸, 이웃, 친구, 그리고 아주 오래전부터 우리 곁에 있었던 마음들.

나는 딸 부잣집의 막내딸이다. 엄마는 요리를 참 잘하셨다. 손이 크셨고, 다정했고, 무심한 듯 정성스러웠다. 명절이면 하루 종일 기름 냄새가 부엌을 감쌌다. 나는 뜨끈한 전을 몰래 집어 입에 넣었다. 들킬 걸 알면서도, 두근거리는 짜릿함이 고소해서 손을 멈출 수가 없었다. 엄마에게 들켜 꾸중을 들어도, 마음 가득 남는 건 행복뿐이었다.

엄마는 재료 하나도 허투루 쓰지 않으셨다. 무 하나, 배추 한 장에도 반드시 시간을 들여 어떤 재료 와도 만나게 했다. 지금은 엄마의 손이 예전보다 더뎌졌지만, 그 느린 손끝은 여전히 박자를 잃지 않았다. 반찬 하나를 완성하는 데 들이는 묵직한 고요와 집중은 늘 이야기꽃을 피운다. 오래전 식탁 위에 흩뿌려졌던 기억이 스스로 부풀고, 잊고 있던 냄새가 코끝에 내려앉는다. 그러면 묻어두었던 조각들이 책 속에서 하나둘 깨어난다.

"생속의 반대말은 썩은 속이었다. 속이 썩어야 세상에 관대해질 수 있었다. 산다는 건 결국 속이 썩는 것이고 얼마간 세상을 살고 난 후엔 절로 속이 썩어 내성이 생기면서 의젓해지는 법이라고 배추적을 먹는 사람들은 의심 없이 믿었던 것 같다. 생속을 가진 사람은 배추적의 맛을 몰랐다."

강렬한 울림을 준 문장이었다. 삶에 내성이 생기면서 익숙해진 맛이라니, 이러한 감정은 누구나 고개를 끄덕일 만한 의젓한 표현이다. 누군가와 나눈 위로와 시련을 견뎌낸 이들의 내성이 내 마음에도 조용히 스며들었다. 그리고 삶의 깊은 맛이 배어 있는 작가의 숨결이 다가왔다. 그것은 단순한 배추전의 맛을 넘어, 우주와 생명까지 이어진 깊은 통찰의 세계였다.

"삶고 굽고 찌기 위해서는 필수적으로 미리 재료를 다듬고 씻고 갈고 썰고 절여야 한다. 그 다듬고 씻고 썰고 갈고 절이는 과정, 그 안에 이미 '그까짓 것' 하며 밀어 넣을 수가 절대로 없는, 우주와 생명에 관한 통찰과 애정과 외경이 스며 있더라는 발견이다."

엄마가 조용히 다듬던 무와 결 따라 썰던 야채들 속에는 가족에 대한 애정과 기다림이 고스란히 담겨 있었다. 식탁이란 원래 그런 곳이다. 허기를 채우는 자리가 아니라, 매일의 시간이 천천히 쌓이고 그날의 감정이 고요히 퍼져 나가는 공간이다.

"맛은 추억이다. 맛은 현재의 나를 돌연 다른 시점으로 공간 이동하게 만든다. 귀로 듣는 음악이 그렇고 코로 맡는 향기가 그렇듯! 혀 또한 지금 그 위에 오른 것만 감각하는 것이 아니다. 우리의 삶은 순간순간 시공간의 다른 차원과 층위를 경험할 수 있게 디자인되어 있다. 감관을 예민하게 열어놓기만 하면 그런 순간은 누구에게나 찾아온다. 신기하고 황홀 한 일이다."

봄에 맨 처음 피는 진달래로 만드는 '진달래 화전'을 봄 그 자체로 표현하는 부분에서 생각했다. 맛은 감각이자 추억이구나. 어린 시절 부엌에서 퍼지던 들기름 냄새, 밥 짓는 소리, 젓가락질 소리, 웃음 섞인 대화들이 머릿속에 파도처럼 스쳐 지나간다. 단지 혀가 아니라 마음까지 되살리는 맛의 힘이 느껴진다.

 문장을 따라 혀끝을 열었다. 문득 떠오른 건, 뜨거운 미역국을 삼키던 어느 새벽이었다. 아이를 낳고 산후조리 중이던 나에게 엄마는 국을 듬뿍 떠 주셨다. 국은 새벽 공기처럼 조용했고, 어제의 피로처럼 짰으며, 엄마의 걱정처럼 깊고 달았다. 그 맛은 오래 끓인 맛이 아니라, 오래 견딘 사랑의 맛이었다. 그때는 몰랐지만, 지금은 너무나 잘 아는 것들. 맛이란 결국 그리운 사람을 혀끝으로 다시 만나는 일인 것이다.

 어릴 적 저녁밥 냄새가 골목을 타고 들던 시절이 있었다. 부엌에서 퍼지는 된장국 향에 간장의 짭조름하고도 달큼한 가자미조림 냄새가 코끝을 꽉 잡아, 식탁 앞으로 하나둘 모여들게 했었다.

 "영아야~ 어서 와서 저녁 먹어야지. 밥 먹자!"

 누군가는 묵묵히 밥을 뜨고, 누군가는 조용히 수저를 챙겼다. 그렇게 우리는 별말 없이 서로의 안부를 묻고, 밥을 함께 먹는 일이 곧 사랑이던 날들을 보냈다.

"그게 보푸름이 앉아 있어야 할 정밀한 좌표였고, 그 지점을 가장 섬세하게 맞출 줄 아는 사람이 엄마였다."

짧은 문장이지만 내 머릿속에 오래 남았다. 말 한마디, 자리 하나, 반찬 하나에도 좌표가 있다면, 내가 자주 돌아가 앉는 좌표는 어디일까? 음식에 얽힌 기억은 단순한 '맛'이 아니라, 삶 속에 겹겹이 쌓인 지도 같은 풍경이었다. 엄마가 만들던 음식, 아득한 시절 함께 둘러앉던 밥상, 그날의 온기와 냄새까지. 기억의 좌표를 내 안에 심어준 엄마가 나를 다시 그 시절로 데려갔다.

책에서 말하는 보푸름의 좌표는 단순한 반찬의 위치가 아니라, 정성스럽게 살아낸 한 사람의 흔적이 담긴 지점이다. 그 좌표를 잃지 않기 위해 애썼던 엄마의 손길이, 이 책을 읽으며 되살아나는 것 같았다.

"엄마는 인제 흙으로 돌아가셨을까요? 그러고 보니 난 이제 밤이 겹겹이 둘러쓰고 있는 보호막의 의미를 몸으로 체득할 나이에 이른 것인가요."

이 문장은 내 마음속에 엄마를 더 오래 머무르게 했다. 밥 한 그릇에 담긴 보호의 온기를 엄마가 그저 곁에 있다는 이유만으로 누릴 수 있었다. 그 따뜻함을 이제야 알겠다. 엄마가 늘 지어 주던 밥이 단순한 한 끼가 아니라, 나를 덮고 감싸주던 하나의 울타리였다는 걸 이제야 알겠다. 엄마는 자식들을 키우기 위해 자신을 삶고, 다듬고, 절이고, 굽고, 또다시 삶는 날들을 얼마나 조용히 견뎌왔을까. 엄마가 된 지금에서야 그 시간을 조금은 알 것 같다.

온기로 겹겹이 둘러싸고 있는 울타리를 이제는 내가 짓고 있다. 가족에게, 나 자신에게 어쩌면 사랑은 그런 것일지도 모른다. 씻고, 다듬고, 절이고, 삶고, 구워 내는 일상의 반복 끝에 남는 잔열. 마치 어제와 다를 바 없는 오늘을 살아낸다는 착각 속에서 사라진 줄 알았던 기억들이 하나둘 되살아났다.

나는 오늘도 밥을 짓는다. 밥솥의 김 사이로 엄마의 손이 피어오르고, 오래된 식탁 끝에선 여전히 뜨거운 말 한 조각이 내 곁에 남는다. 그리고 아직 식지 않은 따뜻한 마음 하나를 꺼내어 먹는다.

천천히.

다정한 부모는 모든 고통의 울타리가 된다

조선미의 '영혼이 강한 아이로 키워라'를 읽고

민(旼)

열 통속 같은 여름의 열기를, 나는 매년 잊는다. 작년 7월은 새 집에서 맞은 첫 여름이었다. 그 전 해에는 제주 한 달 살기로 더위를 잊고, 시원한 계절을 보냈다. 그러나 세 번째 제주행은 중학교에 올라갈 딸아이에게 무리였다. 푸른 바다와 시원한 바람이 그리웠지만, 제주도는 '다음을 기약하자'는 말로 미뤄야 했다. 가족 모두 서운한 마음을 다독이며, 이열치열의 시간 속으로 들어섰다. 아이들은 내 울타리 안에서 공부의 열기와 여름의 열기를 한데 모아 활활 태워버리고 있었다. 기특하게도.

여름 열기에 맞설 나의 특효는 역시 독서였다. 책을 읽고 글을 쓰는 독서 모임을 작년 봄에 이사 와서 시작했고 어느새 나의 책 울타리가 되었다. 당시 글을 어떻게 쓸까, 고민하며 시작했던 것이 무색해졌다. 어미 '모'라는 글자를 두 번 귀엽게 붙여 '모모'라고 부르는 모임은 책으로 끈끈하고 강력하게 서로를 당겨 안아주는 숲과 같았다. 그래서 우리 모임은 '모모의 책숲'이란 이름을 갖게 되었다.

모모는 여섯 명의 엄마이다. 우리는 매달 책을 함께 정해서 읽고, 매주 만나 서로 이야기를 공유하며 글감을 찾는다. 좋은 글을 쓰기 위해서는 독서가 필수라고, 두말할 나위 없이 우리는 그 규칙을 잘 지키고 있다. 숲지기 '글보샘' 언니가 모모를 지키듯, 나는 부모라는 울타리로 내 아이들을 지킨다.

『영혼이 강한 아이로 키워라』는 10년 전 이미 초판이 나와 있던 조선미 교수님의 저서이다. 매미 소리가 시원하던 작년 여름 어느 날, 모모와 함께 읽기 시작했다. 여러 가지 아이들의 심리를 보여 주는 부모를 위한 교과서나 다름없었다. 교수님의 글을 읽고 나서 '나는 심각한 착각에 빠져 살았구나!' 하고 탄식했다.

첫 장부터 마지막 장까지 나는 마치 시험을 치르는 학생처럼 탐독했다. 해가 바뀌었고 『영혼이 강한 아이로 키워라』를 다시 읽고 독후감을 써 보려고 한다. 메모와 밑줄 친 부분을 새로운 마음으로 다시 보니, 그 당시 내가 느꼈던 정서가 생생히 재생되었다.

나는 부모님에게 통제를 많이 받고 자란 아이였다. 권위적인 부모님의 지침이 당연하다고 여겼다. 마치 금을 밟으면 퇴장당하는 줄 알고 금 안에서 철저하게 규칙을 잘 지킨 아이였다. 그러나 가장 중요한 시기에 나는 혼자 끙끙댔다. 부모님의 울타리 안에서 온기를 느끼며 자유롭게 사유하는 시간이 부족했다. 불안하고 초조한 순간은 당연히 혼자 견뎌야 했다. 그래서인지 나의 유년기 정서는 슬픔과 외로움이었다. 온기 없이 건조하고 서늘했다. 다정함이라는 신기루는, 사막의 밤처럼 차갑고 멀리 있었다. 스스로 해결해 나가는 것이 부모님이 가르쳐 주신 '행복을 쥐는 방법'이라 믿고 있었는지도 모른다. 하지만 어린 시절 나는 행복하지 않았다. 그래서일까 내 아이들은 불안하고 외롭게 키우고 싶지 않았다.

아이 행복은 아이 스스로 판단한다

이 문장이 가장 선명하게 기억에 남아 있다. '아이의 행복'이란 단어가 낯설었기 때문이다. 나는 어른이 된 후에야 행복을 깨달았다. 아이였던 나는 아이답지 않았다. 나는 내 아이들에게도 규율을 정해 주었고, 발자국을 따라 걷듯 행복은 '나를 따라가는 것'이라고 믿고 있었다. 굳은살처럼 아집을 버리지 못했다. 마치 내가 길을 정해 주어야 아이가 행복해지고 바르게 자란다는 착각을 했다. 일방적인 교육이 문제가 될 수 있고, 예상과 다른 결과가 나올 수 있다는 사실은 충격이었다.

이제 마음을 다른 길목에 세워 새로운 길로 들어가야 했다. 교육보다 아이가 스스로 판단하고 만들어 갈 행복이 더 중요하다고 깨달았기 때문이다. 나는 내 안의 굳은살을 벗겨내고 새살을 채울 준비를 시작했다. 그러려면 나의 새살부터 찾아야 했다. 그것은 바로 다정함이었다. 다정은 사랑의 다른 말이다.

다정함은 아이를 외롭고 쓸쓸하게 만들지 않는다. 다정함은 아이에게 울타리가 되어 준다. 다정함은 아이가 스스로 '나는 행복하다'라고 느끼게 만든다. 나는 여전히 아이를 대신해서 무엇이든 해주려고 하지는 않는다. 스스로 해보라고 격려는 하지만 엄마가 냉정하고 차갑다고 느끼진 않을지 우려되었다. 어떻게 해야 다정한 엄마가 될 수 있을까? 나는 어느 날 아이에게 직접 물어보았다.

"엄마가 어떻게 해줄 때 제일 좋아?"
"엄마가 안아주면 너무 행복해요."

둘째의 해맑은 대답을 듣고 먹먹함이 밀려왔다. 목이 살짝 메며 나는 이런 말을 솔직하게 내 어머니에게 해본 적이 있었나. 떠올리느라 잠시 멍했던 것 같다. 다정함이 별건가. 넘치게 퍼 주어도 정다움은 모자라지 않는다. 내가 모르던 내 아이의 속마음을 알고 난 뒤, 나는 아이가 안아달라고 말할 때마다 안아주고 있다. 사춘기가 온 딸은 굳이 요구하지 않지만, 아침에 눈도 못 뜨고 일어나면 내가 먼저 꽉 안아준다. 볼을 맞대고 슬쩍 비비며 잘 잤냐고 물어본다. 포근하고 뭉근한 아침 인사를 서로 나누는 것이다. 포옹이 사랑이라고 느꼈으면 좋겠다. 나의 행동이 아이에게 밧줄 같은 단단함을 주었으면 좋겠다. 덜렁거리는 불안감을 꽉 잡아줄 든든함과 온몸을 감싸는 포근함을 가득 느끼며 아이가 다정하게 자라길 바란다.

정서는 습관보다 더 중요하다

습관이 그 사람이라는 말이 있다. 행동이 매일 규칙적으로 반복될 때 그것을 보통 습관이라고 한다. 습관은 신호와 반복 행동, 보상의 고리로 이어진다. 습관에는 행동의 습관뿐만 아니라 감정, 생각의 습관도 있다. 보통 부모는 자녀의 좋은 습관을 만들어 주고자 반복해서 지시를 내린다. 이것이 아이들 눈에서는 잔소리라는 녀석으로 보이는 것이다. 어른도 듣기 싫은 잔소리를 아이들은 매일 듣고 자란다.

잔소리 없이 아이들이 스스로 좋은 행동을 반복할 수는 없는 걸까? 꼭 좋은 행동을 잔소리로 만들어 줘야 하나? 좋은 행동의 기본은 확실하다. 기본적인 예절이나 공공질서는 반드시 지켜야 하는 규칙이지만, 습관은 개인차가 있다. 공부를 더 잘했으면 좋겠고, 책을 더 많이 읽었으면 좋겠고, 글씨가 반듯했으면 좋겠다.

모든 엄마의 공통점은 좋은 행동의 기준이 '다른 사람'이라는 것이다. 비교가 부른 참극이다. 그러나 엄마는 다른 아이보다 내 아이가 더 잘되기를 바라는 마음에 아이에게 끊임없이 잔소리를 늘어놓는다. 그 결과 아이와의 정서적 유대가 나빠진다. 정당하다는 이유로 부모는 쉼 없이 잔소리를 반복하지만, 결국 더 중요한 것을 잃는다.

아이가 스스로 판단하고 행동하는 것이 엄마의 눈에는 훨씬 오래 걸리고, 둘러 가야 하는 느림보 길처럼 보일 테지만 엄마가 부추기는 사이 아이의 정서는 변하고 만다. 아이를 믿지 못하는 부모와 아이 사이의 유대 정서는 연약하고 불안하다. 결국 믿어주고 기다리는 것이 훨씬 오래 걸리지만 강력한 정서를 만든다. 보통의 부모는 이 부분을 간과하고 나 또한 보통의 엄마였다.

아이를 사랑한다면, 그 아이가 자신의 삶을 유능하게 살아가기를 원한다면, 아이가 능숙하게 스스로 손과 발, 머리를 쓰게 만들어 주어야 한다.

누구나 자식에게 최고의 것을 주고 싶어 한다. 부족한 환경 속에서도 자식을 위해서라면 더 나은 교육을 하려고 부모는 온 힘으로 살아간다. 그러나 신기하게도 아이들은 부모의 경제력보다 삶에 관한 생각과 태도에 따라 가치관을 형성한다는 연구 결과가 나왔다. 부유한 가정보다 따듯하고 다정한 가정에서 자란 아이들의 자존감과 행복도가 더 높았다. 돈이 다가 아니란 말이 증명된 셈이다. 부모가 가진 것에 자족하고 늘 감사하는 마음 가진다면, 아이들도 자연스럽게 닮아간다. 작은 것도 나눔을 실천하며 바르게 자란다. 부모가 부정적인 말투나 태도를 가지고 있었다면, 아이들도 그렇게 닮아간다. '자식은 부모의 거울'이라는 말은 정말 무서운 진리이다.

나는 매우 느린 아이였다. 배움도 느린 편이었고, 말도 느렸다. 부모님은 느린 나를 독특한 방식으로 침착하게 가르쳐 주셨다. 느리다고 채근하지 않으셨다. 대신 정해진 계획에 맞게 하루하루를 규칙적으로 생활하게 하셨다. 그러다 보니 나는 지루하고 딱딱한 사람이 되어 버렸다. 주변을 즐기고 쉬어 갈 줄 몰랐다. 계획을 잘 세우고 실천하는 생활도 물론 중요하지만, 나는 유연함을 모르고 시간에 쫓기듯 살아왔다. 그래서 내 아이들은 여유를 아는 사람으로 자랐으면 한다. 한걸음 뒤에서 전체를 볼 줄 아는 여유를 가지고 있는 사람으로 자랐으면 좋겠다. 그래서 나는 매일 아이들에게 말해 준다.

"엄마 울타리 안에서는 실수해도 돼. 실패해도 돼."

"넘어지는 것은 잘못이 아니야. 하지만 넘어지고서 스스로 일어나지 않는 건 네 잘못이야. 그러니 스스로 일어나서 다시 해보자."

고통은 피할 수 없다면 견뎌야 한다

'견디라'는 말의 참뜻은 고통을 '통제하라'는 말이다. 어떤 상황 속에서도 힘듦을 이겨내고 스스로 빠져나와서 전체를 바라볼 수 있어야 한다. 실패에 대한 반성이 아니라, 메타인지와 고통을 다스리는 능력을 키우자는 뜻이다. 중요한 것은 고통의 크기가 아니라, 좌절을 견뎌내는 힘이다. 바로 이 힘이 아이를 성장하게 돕는 열쇠가 된다.

고통은 결코 나쁜 것이 아니다. 견디는 만큼 아이들은 강해진다. 고통이라는 녀석이 아이들을 성장시킬 냄새 나는 두엄(거름)이라고 생각하자. 피하고 안 보면 기분이 나쁘거나 몸에 묻지는 않겠지만, 직접 걷어내고 치워보면 알 것이다. 그 경험이 얼마나 아이들을 잘 자라게 하는지. 아이들을 지켜보고 믿어주는 다정한 부모가 고통의 울타리가 되어 준다면 못 할 것이 무엇이겠는가?

첫애는 자유로운 아이였다. 한글을 억지로 배우기 싫어했고, 정형화되어 있던 교육을 거부했다. 기다림만이 능사가 아니란 생각이 들었다. 결국 졸업을 삼 개월 앞두고 영어 전문 교육기관으로 유치원을 옮겼다. 한글도 모르는 아이에게 영어가 밀려 들어오기 시작하자, 아이는 정신을 못 차리고 힘들어했다. 앞으로 겪게 될 교육 격차를 줄이고자 우리는 어쩔 수 없이 격변을 선택했다. 아이가 불안감을 호소하며 적응하기를 거부했다. 급기야 남편에게 다니던 유치원으로 옮겨달라고 떼를 쓰기까지 했다. 하지만 나는 아이의 첫 고통을 함께 견디기로 결심했다. 그때 나는 영어가 아이의 인내력을 키워줄 계기가 되리라 믿어 의심치 않았다.

"엄마, 도와주세요."

아이의 한마디에 나는 일어섰다. 내가 할 수 있는 모든 것을, 아이를 위해 준비하고 함께해야겠다는 결의를 다졌다. 아이가 필요로 할 때, 손을 내밀 때 나는 거절하면 안 된다고 스스로 생각하고 있었기 때문이다. 지난한 학습이 지금까지 이어져 오고 있지만 아이는 오히려 그 당시 자신이 이겨낸 과정을 자랑스러워한다. 그 순간이 없었다면, 더 큰 시련과 낙담이 있었을지도 모른다고 생각한다. 인생에 즐거움만 있는 게 아니라는 사실을 깨달아 갈수록 의지가 사라지게 마련이다. 하지만 수많은 고통과 시련을 이기고 자라나는 아이에게 나는 울타리가 되어 줄 것이다. 언제든 기대어 쉴 수 있도록, 나무 그늘과 시원한 샘물을 마련해 두고 아이가 지치지 않도록 도와줄 것이다.

네가 결정하면, 모든 것은 이루어진다.

아이가 스스로 결정하고, 시작하고, 끝까지 포기하지 않고, 전 과정을 견디는 동안 많은 것들이 성큼 자라 있다. 엄마가 믿어주고 기다리면, 아이는 버티고 결국 해낸다. 이때 엄마는 잘 관찰해야 한다. 아이가 수용할 수 있는 어려움인지, 도움이 필요한 어려움인지. 그래서 나는 부모는 관찰자이자, 파수꾼이라 말하고 싶다. '호밀밭의 파수꾼'에서 홀든은 여동생 피비에게 이렇게 말한다.

"나는 늘 넓은 호밀밭에서 꼬마들이 재미있게 놀고 있는 모습을 상상하곤 했어. 어린애들만 수천 명 있을 뿐 주위에 어른이라고는 나밖에 없는 거야. 그리고 난 아득한 절벽 옆에 서 있어. 내가 할 일은 아이들이 절벽으로 떨어질 것 같으면, 재빨리 붙잡아 주는 거야. 애들이란 앞뒤 생각 없이 마구 달리는 법이니까 말이야. 그럴 때 내가 나타나서는 꼬마가 떨어지지 않도록 붙잡아주는 거지. 온종일 그 일만 하는 거야. 말하자면 호밀밭의 파수꾼이 되고 싶다고나 할까."

홀든처럼 수천 명까지 나는 지키지 못한다. 하지만 내 아이들을 지키는 '울타리 파수꾼'은 될 수 있지 않을까. 아직 어리고 연습이 필요한 아이들이 내 울타리 안에서 충분히 뛰고 멈추는 연습을 해 보는 거다. 그러다 절벽으로 뛰어갈 때는 강력하게 막아 주고, 울타리 밖에서 힘들고 지친 일을 겪고 돌아와 슬퍼하면 꼭 안아주는 다정한 파수꾼이 되고 싶다.

다정한 부모는 모든 고통의 울타리가 된다

부모의 사랑이 모두 아이에게 안전 기지가 되어 주는 것은 아니다. 평온하고 안정감을 주는 사랑만이 아이로 하여금 자신이 사랑받고 세상이 안전하다고 느끼게 한다. 말 잘 듣고 말썽부리지 않으면 사랑을 주고, 마음에 들지 않는 행동에 철회하는 사랑은 아이에게 고통과 두려움을 주는 사랑이다. 복종을 강요하는 사랑은 파괴적인 분노와 버림받을지 모른다는 불안으로 이어진다.

아이들에게 사랑은 식물이 받는 따듯한 햇빛과 시원한 빗물과도 같은 것이다. 요구하지 않아도 당연히 받는 것이고 자연스러운 것이다. 그러나 식물은 그것만 가지고 살아갈 수 없다. 병충해를 견뎌야 하고 때로는 척박한 기후와 싸워서 자신을 지켜야 한다. 부모는 사랑이라는 햇빛과 물을 언제라도 주는 존재여야 한다. 그러나 사랑을 아이의 올바른 행동을 위한 미끼처럼 사용해서는 안 된다.

나는 아이들에게 사랑을 주면서 환경에 견디는 마음가짐을 심어주고자 규칙적인 생활을 강조했다. 그런데 『영혼이 강한 아이로 키워라』를 읽고 보니 아이에게는 이미 규칙보다 더 강력한 마인드셋이 있었다. 바로 사랑을 기억하고 믿는 힘이었다. 부모의 사랑 안에서 아이들은 우주처럼 커갈 수 있다. 나는 소우주의 잠재력을 다시 한번 깨달았다. 그리고 이따금 아이들이 사랑을 직접 느끼게 해주어야 한다는 사실도 기억했다.

하루는 아들에게 엄마가 가장 다정했던 때를 물어보았다. 어린이집 앞에서 들어가기 싫어하던 어느 날 '그래! 오늘은 엄마랑 놀자!'라고, 눈을 맞추며 환하게 웃어준 날이라고 했다. 내가 그런 행동을 아이에게 한 적이 있었구나! 잊고 있던 일들이 새록새록 떠올랐다. 또 아들이 이런 이야기도 해주었다. 유치원을 마치고 학원을 가야 했는데, '준아, 엄마랑 바다 보러 갈까?'라며 차에 아이를 태우고 시동을 걸던 그날이 가장 신이 났다고 했다.

계획 없이 아이와 자유로운 시간을 보낸 기억이 얼마나 낭만적인지, 아마 눈을 감는 날까지 생각나지 않을까. 봄날 평인일주로를 쭉 따라 바다를 보며 달려서, 산양면까지 갔던 기억이었다. '그래, 그날 너무너무 날이 좋았어.' 아들은 그날의 화창함을 선명하게 기억하고 있었다. 은빛 바다가 아름다운 날이었다고 했다. 엄마가 누나는 두고 자기만 데리고 바다를 보러 가 주었다고 신이 났었나 보다. 길가에 홀연히 나타났던 귀여운 카페로 쑥 들어가 핫초코와 치즈 케이크를 맛있게 나눠 먹고, 아들이 행복해하는 모습을 보고 나도 즐거웠다. 그날 엄마의 다정함을 아들은 여태 기억하고 있었나 보다. 아들은 그날 이후 활기를 얻어 정말 열심히 생활했던 기억이 난다. 내 아들의 다정함은 그때 기억들이 만들어 준 게 아닐까?

2023년 7월, 두 번째 제주 한달살이는 어려운 일들이 많았다. 자동차 접촉 사고에 이어 여러 가지 익숙하지 못한 사건들이 여행을 흥미롭게 만들었다. 하지만 나는 아이들이 제주에서 보낸 소중한 시간을 평생 기억할 것이라는데 의심이 없다.

만성 두통이 사라지고, 맨발로 흙길을 걸어도 눈치를 보지 않아도 되는 자유는 아이들에게 평생 처음 찾아온 선물이었을 것이다. 자유로움은 부모라는 울타리의 보이지 않는 확장으로, 아이가 의식하지 못하는 사이 충만하게 자라난 큰 바다와 같았다. 사랑과 희망이 무한대로 커지는 아름다운 가족여행이었다. 숱한 여행 가운데 여전히 아이들은 제주의 여름을 최고로 꼽는다. 아마도 자연 속에서 아이들도 자유를 산소처럼 깊이 들이마셨으리라. 『영혼이 강한 아이로 키워라』 표지에 보이는 울창한 나무 한 그루를 제주

비자림에서 만났다. 아이를 바라보며 '저런 나무로 자라거라'고 혼잣말을 속삭이듯 가슴에 새기며 돌아왔다. 영혼이 강한 아이로 키우고 싶다는 생각은, 어쩌면 이 책을 접하기 전부터 내 안에 자리 잡고 있었는지도 모른다.

사월은 눈부신 계절이지만 나는 유독 꽃가루에 민감해서 봄을 곁눈으로 흘려보내고 있었다. 중학교에 입학한 큰아이는 수련회에 참가한다고 집을 비운 터였다. 집안이 사흘간 사찰처럼 적막했다. 집에 없던 녀석이 돌아왔는지, 도착과 동시에 소리를 빽 질렀다. 까만 콩알 같은 눈에 눈물이 찔끔 보인다. '엄마 보고 싶었어요!' 평소 같으면 의연하게 걸어들어와 깔깔 웃을 녀석이 갑자기 저런 다정한 소리를 하니 덜컹하면서 걱정이 되었다. '무슨 일이 있었어? 왜 울려고 그래?' 딸은 그런 게 아니라 했다. 익숙하던 울타리를 떠나있다 돌아오니, 다 그리웠단다. 가족도 자기 방도. 자신을 둘러싼 익숙한 것들이 그렇게 소중할 수가 없다고 했다. 다정한 아이의 눈빛과 말투에서 나는 그만 말문이 막혔다. 딸은 다가와서 나를 꼭 안아주었다. '엄마, 몰래 넣어주신 용돈도 고마워요! 아껴 쓸게요!' 녀석은 내 마음을 이제 잘 읽어 내려간다. 내가 먼저 행동하고 표현하니, 아이들도 따라온다. 새끼 오리들처럼.

『영혼이 강한 아이로 키워라』를 읽고, 나는 내 가족이 얼마나 소중한 나의 울타리인지, 아이가 그 안에서 얼마나 안온함을 느끼고 하루하루를 건강하게 살아내고 있는지 다시 한번 깨달았다. 책은 많은 것을 바꿀 힘을 가진 영혼의 뿌리와 같다. 책을 덮고 표지를 지그시 쳐다보다 손바닥으로 아이 다루듯 포근히 토닥여 본다. 나를 깨우쳐 주어서 고맙다고.

읽고 썼더니 나왔어요, 진심

법정 스님의 '산에는 꽃이 피네'를 읽고

산도

"나는 독후감을 쓰기 싫다."

매주 수요일이면 책을 들고 '모모의 숲'으로 향한다. '모모의 숲'은 책 속 인상 깊었던 구절을 낭독하고, 서로의 생각과 경험을 나누는 소통의 자리다. 독서 모임은 나에게 배움을 선사하고, 치유와 위로를 안겨주는 마음의 쉼표이다.

글보샘의 안내에 따라 책을 읽고 이야기를 나누다 보면 어느새 작가의 세계관이든 줄거리든 모든 것이 배움으로 다가온다. 그리고 나 자신을 돌아보는 시간이 되기도 한다.

서로 가까이 앉아 책의 한 구절 한 구절을 자신의 목소리로 읽어내는 그 순간, 우리는 책이 전해 주는 떨림과 울림까지 나누게 된다. 함께 있다는 안정감마저도 마음 깊이 느껴진다. 아줌마들이 모여 책 이야기를 시작으로 삶의 이야기까지 나누다 보면 늘 대화가 끊이지 않는다. 이렇게 책과 멀어질 때면, 글보샘이 언제든 우리를 다시 책과 배움의 자리로 이끌어 준다. 든든한 길잡이가 있다는 것만으로도 '책숲'은 편안하고 배움을 즐길 수 있는 소중한 공간이 된다.

'모모의 숲' 책 모임은 내가 이사 온 후 새롭게 시작된 소중한 인연이다. 한 달에 두 권 정도의 책을 읽으며 지식과 교양을 쌓을 수 있는 시간을 선사해 준다. 하지만 독후감 쓰기와 글쓰기는 여전히 어려운 숙제처럼 느껴진다. 마치 끝까지 미뤄두고 싶은 방학 숙제 같다.

아, 독후감 어떻게 쓰지……

『산에는 꽃이 피네』는 절판된 책이다. 일부러 구해 선물로 받은 이 책에는 법정 스님의 깊은 통찰이 담겨 있어, 나에게 큰 감동으로 다가왔다. 다양한 해석이 가능한 책이라 쉽지 않았지만, 나만의 생각을 담아 서툰 글솜씨로 독후감을 써 보려 한다.

나는 계획을 세우고 움직이는 걸 좋아한다. 일을 시작하기 전 기본부터 정리하고 큰 틀을 나눈다. 약속 시간도 이동 거리까지 계산해 맞추려 애쓴다. 청소도 주 2회로 정해두고 규칙적으로 하는 편이다.

그런데 글쓰기는 다르다. 정해진 시간이나 방식대로 하기가 쉽지 않다. 어디서부터 어떻게 시작해야 할지 막막하고, 어떤 방향으로 써야 할지조차 감을 잡기 어렵다. 특히 내 생각을 적는 일은 더욱 힘들다. 나는 정확한 것을 좋아한다. 정보를 탐색해 사실을 기반으로 글을 써야 마음이 편하다. 그런데 생각과 감정을 표현하는 글은 머릿속이 쉽게 정리되지 않는다. 대충 쓰자니 지식이 부족하다는 느낌이 들어, 더 어렵게 느껴진다.

글을 쓰면서 문득 '공부를 해야겠다'는 생각이 들었다. 실제로 모모의 숲 수업에서 '손광성의 수필 쓰기', '김은경 작가의 에세이를 써 보고 싶으세요?' 같은 책도 읽으며 글쓰기 준비를 해왔다. 하지만 머릿속은 여전히 정리되지 않은 채, 이것저것 상황과 느낌들이 뒤엉켜 덩어리를 이루고 있다. 나 자신을 비롯해 부모님, 가족, 자녀, 친구까지 이야깃거리는 많지만, 글로 표현하려 하면 문장이 자꾸 흐트러지고 말이 되지 않는다. 나를 드러낸다는 게 부끄럽고, 어딘가 내 부족함이 고스란히 드러나는 것 같아 창피하기도 하다.

그러다 문득 창밖을 보게 된다. 겨울이 지나고 봄이 찾아왔다. 4월의 바깥 풍경은 벚꽃이 눈처럼 날리며 흐드러지게 피어있다. 이렇게 화창한 봄날엔 책상 앞에 앉아 글을 쓰기보다 좋은 사람들과 어울려 맛있는 밥을 먹고 이야기꽃을 피우고 싶다. 그러다 보니 글쓰기가 더욱 어려워진다.

선물로 받은 "산에는 꽃이 피네" 책은 김소월 시인의 시 '산유화'에서 따온 구절이다. 또한 법정 스님이 1990년대 신문에 연재했던 칼럼의 제목이기도 하다. 책에는 뚜렷한 줄거리가 없다. 자연과 침묵, 비움, 그리고 마음의 평화를 주제로 법정 스님의 사색이 담긴 글들이 이어진다. 문장은 단정하고 깊으며 읽는 내내 사유하게 만든다. 책장을 넘기는 속도도 자연스레 느려진다.

책은 이렇게 시작된다.

"나는 지금 문패도 번지수도 없는 곳에 살고 있다. 물론 내가 사는 환경이 궁핍하고 거의 원시 상태이기 때문에 자랑할 것은 못 되지만 순수한 내가 존재할 수 있어서 좋다. 나는 그냥 그곳에 잠시 있을 뿐이다. 수행자에게 영원한 거처가 어디 있는가, 나그네처럼 잠시 머물러 있는 것이다."

법정 스님의 사진과 함께 실린 구절은 그의 삶과 생각을 고스란히 드러낸다. 글에는 스님의 경험과 통찰, 그리고 깊은 내면이 담겨 있다. 문장 하나하나가 마치 명언처럼 다가온다. 책장을 넘길수록 스스로에게 끊임없이 질문을 던지게 된다.

어떻게 저토록 치열하게 사고하는 이가, 모든 번뇌와 욕망을 놓아버릴 수 있었을까? 그게 가능한 일인가…….

책을 읽으며 깨닫게 되었다.

법정 스님은 지식과 명성, 세상과의 연결까지 기꺼이 내려놓고, 오직 자신 안의 고요와 진실에 집중하며 살아갔다. 머무는 곳도 고정하지 않았고, 사람들의 인정과 평가에서 한 걸음 물러서며, 삶의 '소유'가 아닌 '존재' 자체에 의미를 두었다. 마치 인생을 두 번쯤 살아본 사람 같았다. 아니, 어쩌면 정말 신과 같은 존재일지도 모른다는 생각이 들었다. 글을 읽는 내내 스님의 고요한 힘에 감탄하지 않을 수 없었다.

나는 마음에 불편함이 생기는 것이 싫다. 누군가를 새로 알아가는 일은 불편하다기보다 어렵게 느껴진다. 사람을 싫어하는 건 아니지만 어릴 적의 나는 이기적인 존재였다. 듣고 싶은 말만 듣고 만나고 싶은 사람만 만나며 나만의 기준으로 사람을 판단했다. 그렇게 갈등을 피하며 살아왔지만 가까웠던 두 친구와의 인연은 이유 없이 멀어졌고 마음 한켠엔 늘 아쉬움이 남아 있다.

친구들은 언제나 나를 먼저 생각해 주는 따뜻한 존재였다. 하지만 그 시절의 나는 마음을 표현할 줄 몰랐고, 그저 받기만 했다. 이제 와 돌아보면, 나 또한 순수했지만 아직은 미성숙했다. 법정 스님의 온기를 조금만 더 일찍 알았더라면, 나를 더 깊이 들여다볼 수 있었을지도 모른다. 순수함에 다정함이 조금만 더해졌더라면, 지금도 우리는 서로의 안부를 주고받고 있을지 모른다. 놓쳐버린 마음들, 지나간 인연을 떠올리면 문득 가슴이 저릿해지고, 조용히 그 시절의 나를 다독이게 된다.

사람들은 나를 붙임성 있고 매력적인 사람으로 봐준다. 하지만 사실 나는 특별히 예쁘지도 유행에 밝지도 않다. 화장도 잘 하지 않고 인터넷에도 서툴다. "무슨 자신감으로 화장을 안 하고 다녀?"라는 말에도 흔들리지 않는다. 겉모습보다 내 안의 더 중요한 것을 지키고 있다는 믿음이 있기 때문이다. 지금 나는 꾸밈보다는 나답게 살아가는 법을 통해 오래된 순수함을 찾아가고 있는 중이다.

나는 감정이 얼굴에 잘 드러나는 편이라 마음이 맞지 않는 사람과는 따로 만나지 않는다. 많은 사람이 그렇지 않을까? 그럼에도 불구하고 나는 언제나 친절하려 노력한다. '산에는 꽃이 피네'를 읽으며, "친절함이 곧 나를 위함"이라는 문장을 만났을 때 나는 깊이 공감했다. 그 문장은 내 삶의 방식과 마음의 결을 조용히 어루만져 주었다.

"남과 비교하지 말고 자기 자신의 사람에 충실하라."
"과거나 미래가 아닌 지금 여기에 충실하며 살아야 한다."

늘 마음속에 감사함을 품고 살아간다. 돌이켜보면, 자극적인 경험 없이 평온하게 살아온 것만으로도 감사하다. 심한 사고 장면을 직접 본 적도 없고 주변에 특별히 나쁜 사람도 없었다. 뉴스만 봐도 세상에는 수많은 사건과 사고가 넘쳐나는데 그런 일들을 가까이서 겪지 않고 살아온 삶은 결코 당연한 것이 아니기에 더욱 감사한 마음이 든다. 그래서일까, 나는 어떤 일이 있어도 '그냥 상황이 그랬나 보다' 하며 마음을 크게 쓰지 않으려 한다. 마음에 걸리는 말도 오래 담아두지 않으려 노력한다.

"알고 있는 지식은 일상 속에서 실천되어야 하며 스스로 실행할 수 있어야 한다."

법정 스님의 말씀처럼 나도 스님의 삶을 간접적으로나마 느껴보고 싶었다. 그래서 딸아이와 함께 TV와 불을 모두 끄고 우리 집을 작은 산사라 생각해 보았다. 찻잔을 가져와 조용히 차를 마셨다. 창밖의 불빛 덕분에 집은 완전히 어둡지 않았고 의외로 큰 불편함도 없었다. 고요 속에서 마음이 한층 밝아지는 것을 느꼈다. 차분한 분위기 속에서 느껴지는 그윽함은 책을 읽을 때의 평안함과도 닮아 있었다.

조용한 밤, "나는 누구인가?"라는 물음이 문득 떠올랐다. 그리고 책 속에서 만났던 인도의 시인 까비르의 시가 생각났다.

"물속의 물고기가 목말라한다는 말을 듣고 나는 웃는다."

이 구절을 읽고 딸아이와 함께 한참을 웃었다. 그렇게 마음이 가벼워진 채 우리는 자연스레 잠이 들었다.

나는 평생 누군가와 함께 살아왔다. 세 딸 중 막내로 자라면서 혼자 해본 일이 거의 없었고, 지금도 내 곁에는 언니들과 남편이 있다. 그래서인지 혼자서 무언가를 결정하고 책임지는 일이 부담스러웠고, 혼자 있는 시간은 외롭기만 했다.

그러던 어느 날, 몸이 아파 아무것도 하지 못한 채 홀로 지내는 시간이 있었다. 그때 깨달았다. 내가 없어도 세상은 잘 돌아가고, 나는 사실 아무것도 아니라는 씁쓸한 진실을. 하지만 돌이켜보면 오히려 혼자인 시간이 더 편했다. 조용한 공간에서 청소를 하고, 시장을 보고, 혼자 운동하고, 멍하니 있는 그 고요한 시간들이 나를 살아 있게 했다. 법정 스님의 고요한 산사처럼 나도 내 일상 속 고요함을 즐기고 있었던 것이다. 꼭 무엇을 하지 않아도 괜찮다. 스스로와 조용히 대화하며 미소 지을 수 있는 내가 되어가고 있다. 책을 통해 나는 나 자신을 믿게 되었다.

한 장 한 장 읽어 내려갈 때마다 잔잔하고 따뜻한 문장들이 나를 돌아보게 하고, 잊고 있던 추억들을 떠올리게 해 마음이 편안해졌다. 하지만 인간관계 속에서 마주하는 진심의 무게는 여전히 나에게 숙제로 남아 있다.

'나는 지금, 내게 떳떳한 삶을 살고 있는가?'
'죽음 앞에서도, 거짓 없이 설 수 있을까?'

나는 기본이 좋은 사람이고 싶다. 나름 진심을 다해 살아가려 애쓰고 있지만, 때때로 갈등을 피하고 상처 주지 않으려는 마음이 오히려 나를 더 소심하게 만들기도 한다. 반면 법정 스님은 달랐다. 스님은 사람들과의 관계 속에서 집착하지 않고, 말이나 행동으로 억지로 관계를 유지하려 하지 않았다. 오히려 불필요한 것들을 덜어내고, 자연에서 머물다 떠나는 삶을 택하셨다.

"행복의 비결은 필요한 것을 얼마나 갖고 있는가가 아니라, 불필요한 것에서 얼마나 자유로워져 있는가이다."

법정 스님의 말씀처럼 물질에서 조금 더 자유로워지고 들꽃 하나의 아름다움에도 감동하며 살아갈 수 있었으면 좋겠다. 긍정적이고 누군가에게 따뜻함을 나눌 수 있는 '친절한 은선씨'로 남고 싶다.

쓰기 싫었던 독후감을 쓰면서, 마치 일기를 쓰듯 나의 생각과 감정이 드러났다. 마음속에 담아두었던 응어리를 풀어낸 느낌이다. 조금은 부끄럽기도 했지만, 불편한 감정을 표현하고 나니 '시원하다'보다는 '후련하다'는 표현이 더 잘 어울렸다. 글을 쓰면서 단순히 주어진 숙제를 하는 데 그치지 않고, 내 삶 속에서 스스로에게 조금 더 자유로워질 수 있었다.

의미 있는 책을 읽었다면 꼭 독후감을 써 보라고 권하고 싶다. 책을 읽는 동안 스쳐 지나간 생각들이 글로 남을 때, 비로소 나만의 문장이 되고 나만의 삶의 흔적이 된다. 막연했던 감정이 정리되고, 내가 어떤 삶을 살고 싶은지 스스로 묻게 된다. 그렇게 써 내려간 글은 다시 나를 돌아보게 하고, 또 다른 배움의 시작이 되어 준다.

읽는 것만큼 쓰는 일도 참 소중하다는 걸 이제는 알 것 같다. 그래서 나는 오늘 이 글을 마치며 누군가에게도 꼭 글쓰기를 권하고 싶다.

읽고, 쓰면 진심이 통한다.
글쓰기는 새로운 세상으로 나아가는 지혜의 바다다.

나오며

'모모의 책숲'을 거닐다

천재교과서 손유빈

"고향이 어디예요? 원래 서울 사람인가?"

"아니요, 고향은 통영이에요."

"오, 공부 엄청 잘했네요. 통영에서 서울대까지 올 정도면. 그런데 사투리를 하나도 안 쓰시네?"

대학원에 가는 길, 택시 기사 아저씨의 물음에 나도 모르게 고향을 통영이라고 했다. '모모의 책숲'을 거닐다가 무심결에, 무의식 속 그리움을 꺼내 펼친 셈이다. 대대로 살아온 곳이 어디냐고 묻는 말이었지만, 나는 마음 깊숙이 품어온 공간을 꺼내 놓았다. 이력서에 써야 한다면 경기나 서울을 고향이라 하겠지만, 마음의 근원지는 통영이라고 해도 좋을 것이다.

시간에 쫓겨 조급하게 종종거리며 살아온 올해의 나에게, '모모의 책숲'의 글들은 깊은 울림으로 다가왔다. 여전히 해야 할 일들은 산더미처럼 쌓여 있고, 잠을 줄여가며 버티는 날들의 연속이지만, '모모의 책숲' 덕분에 잠시 한 걸음 물러서 내 삶을 되돌아볼 수 있었다. 좋은 뜻과 마음으로 쓰인 이 글들이 더 많은 이들에게 온기로 닿기를 바라며, 편집자로서 글 하나를 얹는다.

'모모의 책숲'은 단순한 우연들이 겹치고, 쌓이고, 교차하여 이루어진 인연의 기록이다. 할아버지가 돌아가시고, 십삼 년이나 함께한 반려견 '월리'가 연이어 떠나버리자 우리 가족은 우울의 늪에 빠져 지냈다. 나는 어둠이 우리 가족의 발목을 잡고 늘어지는 것을 그냥 두고 볼 수 없었다. 미세먼지 측정기를 꺼내 들고 가장 공기가 좋은 곳으로 무작정 떠나자고 했다. 그렇게 우리 가족은 통영에 발을 들여놓게 되었다.

처음에는 부모님을 따라 통영에서 학교 교사로 자리를 잡을 계획이었다. 하지만 큰 기대 없이 응시했던 서울대 대학원과 메가스터디 강사 공채에 모두 합격하는 바람에, 나의 삶은 예상치 못한 방향으로 흘러 가게 되었다. 주변에서는 끝없는 축하와 칭찬이 이어졌지만, 엄마(글보샘)는 근심 어린 눈빛으로 말씀하셨다.

"힘들면, 언제든 통영으로 내려와. 너무 애쓰지 말고."

엄마의 말처럼 나는 힘들고 지칠 때마다 통영을 찾았다. 그날도 머리가 지끈거려 통영에 며칠 쉬러 왔는데, 아파트 안내 방송이 몇 차례나 반복되고 있었다.

"엄마나 아빠가 하면 해결될 일이네. 통영에 내려오면 다르게 살 거라고 하지 않았어? 선거 관리 위원회 빨리 만들지 않으면 곤란하다잖아. 얼른 말한 걸 실천하는 모습, 보여주세요."

내가 스치듯 건넨 한마디가 엄마를 아파트 선거관리위원으로 이끌었고, 새로운 이웃들과의 인연으로 이어졌다. 돌이켜 보면, 그날 나의 통영행은 '모모의 책숲'을 싹틔운 씨앗이었고, 그 이면에는 보이지 않게 작동하는 운명이 살아 숨 쉬고 있었다.

"엄마, '모모의 책숲' 이모들이랑 책만 읽는 게 아니라, 이젠 글도 써? 우와, 대단한 분들만 모인 것 같아."

처음엔 통영의 풍경과 맛집 얘기로만 가득하던 엄마의 자랑이, 요즘엔 '모모의 책숲' 이야기로 풍년을 맞았다. 전공을 한 사람도, 글을 써 본 적도 없다는 엄마의 이웃들은 국문과를 졸업한 나보다 글쓰기에 푹 빠져 있었다. 이런 열정들이 모여 책을 낸다는 소식에 나도 작은 힘이나마 보태고 싶어 편집을 맡기로 했다.

이요림 님의 '비린내 + 알로애 = 할머니'는 한 편의 소설을 읽는 듯 인물 묘사가 생생했다. 특히 작품 중간중간 등장하는 통영 사투리가 인상적이었다. 이요림 님의 유년 시절이 한 편의 드라마처럼 펼쳐지는 듯해 더욱 재미있게 읽었다. 오감이 살아 숨 쉬는, 통영의 정취가 가득 담긴 아름다운 글이었다.

색이 바랜 삼베옷 자락을 말없이 목까지 끌어올리며 할머니는 축 늘어진 젖가슴을 '툭'하고 내어주셨다. 젊은 시절엔 남정네들의 시선을 단번에 사로잡았을 듯한 풍만했던 가슴은 이제 제 몫을 다 했다는 듯 뱃살 위에 늘어져 세월의 무게를 고요히 증명하고 있었다.

"강생아, 친구들하고 집에서 놀지 왜 가라켔노? 할미한테 냄새 나서 그라나?"

"아가, 뭐 좋아하노? 뭐 시키주까? 탕수육 시키주까? 핏짜? 햄버거 좋아하나?"

온유 님의 '통영은 늘 봄이었다'는 독자의 마음을 설레게 하는 글이다. 고달프고 지친 사람들에게 '어서, 통영으로 오라고 봄빛 가득한 통영의 속삭임처럼 부드럽게 다가온다. 통영을 홍보하는 영상과 함께 이 글을 올려보는 것은 어떨까? '슴슴하지만 깊은 단맛으로 영혼을 사로잡는 익숙한 온기'처럼, 따뜻한 잔향이 배어 있는 글이다.

내가 무의 맛을 불혹이 넘어서야 비로소 알게 된 것처럼, 통영

은 마치 무를 한입 베어 문 듯한 맛이 났다. 슴슴하지만 깊은 단맛으로 영혼을 사로잡는 익숙한 온기. 한 그릇의 시락국밥 속에서도, 벚꽃 터널을 지나던 고요한 차 안에서도, 통영의 봄은 조용히, 그러나 분명하게 스며들었다. 봄비처럼 반갑게, 통영은 언제나 봄이었다.

통영은, 봄이면 바다색이 먼저 달라진다. 푸른 바다의 빛이 햇살에 부서지고 반짝임을 넘어 마치 냄비 속에서 보글보글 끓는 것처럼 살아 숨 쉰다. 윤슬은 어디에도 견줄 수 없는 통영만의 찬란함이다. 한 편의 수묵화이자, 마음속에 고요히 가라앉는 하나의 잔향.

산도 님의 '그때의 섬, 그때의 나, 그 모든 순간의 그리움'은 문장이 시처럼 아름다웠다. '생우유'를 세밀하게 묘사한 후 이를 매개체로 하여 그리운 순간으로 이동하는 구성도 좋았다. 산도 님이 얼마나 고민해서 작품을 썼는지가 선명하게 다가왔다. 우유 한 모금이 과거의 기억을 열어주는 것처럼, 산도 님의 작품 역시 독자의 황금 열쇠로 기억되기를 바란다.

학교에서 나오는 서울우유는 유난히 특별하게 느껴졌다. 초록색과 하얀색이 어우러진 네모난 우유 팩. 매끈하게 코팅된 팩을 왼손으로 꼭 쥐고 오른손 엄지와 검지로 야무지게 눌러 조심스럽게 입구를 열었다. 세모 모양 입구 사이로 보이는 뽀얀 우유는 얼핏 보면 노르스름했다. 거스러진 종이에 입술을 대는 순간, 마르고 텁텁했던 입안에 고소하고 포근한 맛이 일몰처럼 천천히 번졌다.

뽀얀 우유를 두세 모금 넘기고 나면 이상하게도 어머니 생각이 났다. 우유 한 모금은 과거의 기억을 열어주는 황금빛 열쇠 같았다.

민(旼) 님의 '다정한 부모는 모든 고통의 울타리가 된다'는 책의 핵심 내용을 요약하는 데 그치지 않고, 그 속에 자신의 사색과 아이들에 대한 사랑을 깊이 있게 담아낸 글이다. 문장과 맞춤법도 잘 정리되어 있어 큰 수정이 필요하지 않았다. 특히 '부모는 관찰자이자, 파수꾼'이라는 문장이 오래도록 기억에 남았다.

첫 장부터 마지막 장까지 나는 마치 시험을 치르는 학생처럼 탐독했다. 해가 바뀌었고 『영혼이 강한 아이로 키워라』를 다시 읽고 독후감을 써 보려고 한다. 메모와 밑줄 친 부분을 새로운 마음으로 다시 보니, 그 당시 내가 느꼈던 정서가 생생히 재생되었다.

아이가 스스로 결정하고, 시작하고, 끝까지 포기하지 않고, 전 과정을 견디는 동안 많은 것들이 성큼 자라 있다. 엄마가 믿어주고 기다리면, 아이는 버티고 결국 해낸다. 이때 엄마는 잘 관찰해야 한다. 아이가 수용할 수 있는 어려움인지, 도움이 필요한 어려움인지. 그래서 나는 부모는 관찰자이자, 파수꾼이라 말하고 싶다.

지인 님의 '미소가 있는 행복한 방'에는 온기가 스며들어 있다. 한 권의 책을 읽고 깊은 생각에 잠긴 뒤, 책 속 이야기를 자신의 삶으로 가져와 또 다른 이야기를 그려내는 따뜻한 표현이 돋보인다. 다니엘 가버의 따뜻한 시선이 지인 님 안으로 흘러든 뒤, 지인 님의 글을 읽은 독자의 마음에도 '미소와 행복'이 자리하기를 바란다.

다니엘 가버처럼, 지금 이 순간 따뜻한 시선으로 아버지를 바라보고, 있는 그대로의 사랑을 표현하고 싶다. 아버지는 비록 표현에 서툴 뿐, 언제나 깊은 곳에서 자식들을 사랑해 오셨다는 걸 나는 안다. 하지만 내가 아버지의 변화만을 기다린다면, 그 미소를 끝내 보지 못할 수도 있다는 생각이 든다. 그래서 먼저 내가 다가가고 싶다. 어색하더라도 따뜻한 말 한마디, 다정한 눈길 한 번이 우리의 시간을 조금은 더 부드럽게 바꿔놓을 수 있을 테니까.

아버지와 내가, 미소가 흐르는 작은 방에서 함께 웃으며 지낼 수 있기를 바란다. 말은 없어도 마음이 닿고, 눈빛으로 서로의 애정을 확인할 수 있는 그런 날이 꼭 오기를 소망한다.

글보샘의 '책 먹는 여우야, 어디 숨었니?'를 읽으면 '책 먹는 여우'를 직접 만난 것처럼 마음이 환해진다. '두 귀는 쫑긋, 두 눈은 반짝, 주둥이에는 흐뭇한 미소'를 머금고 책을 응시하는 모습이 나의 엄마, 글보샘과 닮았기 때문이다. 통영에 숨어 있던 책 먹는 여우들이 모여 '모모의 책숲'을 이루었으니, 앞으로도 오래도록 책을 사랑하는 기쁨을 누리시기를!

프란치스카 비어만이 쓴 '책 먹는 여우'를 읽으면 기분이 좋다. 한 손은 책을 잡고 있고 나머지 손으로는 후추를 톡톡 뿌리고 있는 여우 한 마리. 두 귀는 쫑긋, 두 눈은 반짝, 주둥이에는 흐뭇한 미소. 책을 응시하고 있는 그의 표정에서 두근거리는 설렘이 전달된다.
　여우 요 녀석, 맛있는 책을 만났구나!
　나는 책 속에서 또 다른 나를 만나고 진정한 나를 찾으려고 애쓴다. 나는 한 권의 책을 맛있게 먹은 후 금세 허기가 다가오는 것을 더 이상 우울해하지 않는다. 책 먹는 여우는 될 수 없지만, 책을 사랑하는 기쁨을 누릴 수 있으므로 — 과거에서 미래로, 우물에서 하늘로, 비극에서 희극으로!
　항상 새로운 길로 떠날 수 있는, 책 먹는 여우의 행복한 여정. 오늘은 당신과 함께 이 길을 걷고 싶다. 일상에 묻혀 있던, 책 먹는 여우를 만나서……..

'모모의 책숲'에 들어서면 엄마 냄새가 난다. 아이를 품어주는 따스한 온기, 자녀를 위해 흘린 짭짤한 눈물 자국, 달콤한 칭찬의 흔적과 귀에 딱지가 앉을 듯한 잔소리의 퇴적층까지. 전형적이라서 더욱 아름다운 엄마들의 삶이 한편의 서사시처럼 다가온다.

누군가의 어머니이자, 한때 누군가의 자녀였던 이들의 이야기. 늘 바위처럼 단단하다고만 믿었던 엄마의 모습이, 문득 어린 날의 얼굴로 다가와 반갑게 인사를 건네는 듯하다. 윤슬처럼 반짝이는 이야기들이 통영의 향내를 한가득 퍼 올려 주어, 무료한 일상에 위로를 받았다. 이 문집을 읽는 누군가의 어머니, 그리고 또 다른 누군가의 마음에도 '모모의 책숲'이 함께 하기를 바란다. 독서와 글쓰기로 삶의 결을 어루만지고, 서로의 이야기에 귀 기울인 아름다운 흔적이, 당신 마음에도 윤슬로 남기를 바라며.

2025년 8월 15일
편집자 손유빈

부록 | 새마을 문고 독서경진대회 수상작 (편지글 부문 최우수상)

안녕, 나의 사랑하는 마땅이들 (材宜, 雋宜)

민(旼)

공기마저 타오를 듯한 뜨거운 늦여름, 방학이 끝날 무렵이 되어서야 엄마는 너와 함께한 13년을 돌아본다. 시간은 중요한 가치라고 늘 말해 주면서도, 그게 얼마나 긴 시간인지, 다 자란 건강한 몸과 한 번씩 던지는 성숙한 표현으로 깨닫고 있어. 실은 이렇게 너에게 편지를 적어 보는 것이 처음이더라. 우리는 글보다 눈을 보면서 더 많은 이야기를 나누었지. 하지만 글은 모이면 기록이 되지만 말은 흩어져 버린다는 것을 잊고 있었네. 조금 더 어릴 때부터 편지를 하나씩 적어 줄 걸. 후회가 되니 말이야.

2012년 1월 5일, 늦은 밤 진통으로 급하게 병원으로 향하면서 마음속으로 너에게 말했어. '재의야, 이제 세상으로 나올 시간이야.' 내 말을 듣고 있었는지, 너를 감싼 세상이 틀어지는 시간은 길지 않았어. 1시간 반 남짓 고통을 참다가 온 힘을 다해 너를 낳았다.

흰빛을 보고 태어난 너는 양수에 불어 온몸이 붉은데도 새파랗게 울더라. 아빠를 꼭 닮은 얼굴과 미간의 뚜렷한 V자를 보고 아, 이 아이가 '내 아기구나'하고 마음을 놓았지. 그 순간을 잊을 수가 없다. 엄마가 엄마라는 이름으로 다시 태어난 순간이었으니까. 얼마나 긴장하고 떨고 있었는지 너는 모를 거야. 너와 내가 생사의 기로에서 살아 돌아왔다는 안도감에 다리가 풀리는 순간이었다. 동그란 알처럼 양수가 터지는 그 순간 엄마 몸 밖으로 너는 둥실 나왔어. 그런데 이상하게도 그때 느낀 엄마의 감정은 '시원함'이었다. 슬프거나 아프지 않고 후련하고 기뻤다니까. 너를 빨리 만나고 싶었던 거지. 아빠에게 아기 손가락 발가락이 정상인지 아주 태연하게 물었던 게 기억난다. 그날 처음 젖을 물리며 혼자 너에게 이야기했어. 우린 사이좋게 지내야 한다고.

막상 부모가 되고 보니 모든 게 혼돈이었어. 모유를 1년이 넘도록 먹더니 단계별 이유식을 거부하는데, 어떻게든 먹여 보려 하다가 포기하고, 결국 쌀과자를 먹인 기억, 처음 어린이집에 등원시키고 사흘 연속 물설사를 한다는 선생님의 말에 전화를 붙잡고 어디도 못 가고서 긴장해 대기하던 일상, 밤중에 영아산통으로 찢어지게 울어대는 너를 안고 응급실에 달려가던 순간, 너는 커 가는데 엄마는 준비가 안 되어 있었던 미숙한 엄마였어. 그게 많이 미안해.

초등학교에 입학하고 학년이 올라가면서, 사춘기가 왔는지 차즘 성격도 변하고, 요즘은 보이지 않는 고민도 하는 게 보인다. 그래, 매 순간이 선택이고 시험대 같았을 거야. 너만큼 혼란스러울까, 그렇게 생각해 보면 엄마는 참아지더라. 여느 엄마들처럼 잔소리로 너를 힘들게 하는 경우도 많았지만, 너는 원인을 잘 찾고 이해하려고 하는 착한 딸이었어. 보통 엄마들은 아이들의 어린 시절이 너무 급히 지나가서 아쉽다고 하던데, 엄마는 그저 지나간 그 모든 길이 꽃길 같고, 눈물은 보석 같구나. 인생은 단 한 번이라 아름답다고 생각해. 내 딸로 태어난 것이 운명 같고, 이 한 번의 삶이 선물 같은 거야. 너의 모든 순간을 다 남길 순 없겠지만 엄마는 꼭 기억할게. 그리고 후회하지 않을게. 슬픔으로 기억되는 순간마저도 엄마는 눈물겹게 행복했거든.

네가 태어난 이듬해 1월, 돌잔치를 치르고 얼마 뒤 동생을 가졌을 때 너는 샘 한번 없이 엄마의 외동에서 첫째가 되었다. 너에게 하나뿐인 동생을 만들어 주고 싶었거든. 동생은 필요 없다고 떼를 쓴다고 해도, 네가 세상 끝에 홀로 있다는 외로움을 느낄 순간, 우리가 세상에 없을 그 순간까지도 생각해야 했으니까. 하지만 너는 동생이 생겼다는 말에 눈을 크게 키우며 아주 예쁘게 웃어주었지. 누나가 된다는 것이 때로는 참고 양보해야 하고, 억울할 수도 있지만, 엄마는 너를 늘 격려했다. 너의 억울함과 서운함이 다 가시진 않겠지만 가족 안에서 우리는 서로 보듬어야 한다고 가르쳐 주고 싶었어. 수많은 시행착오를 겪는 모습을 보며, 얼른 알려주고 대신해 줄까 하는 생각도 많이 했지만 너는 묵묵히 배워가더라. 그 모습이 정말 감동이었어. 박수 쳐주고 크게 칭찬하고 싶었어. 너가 자만할까 봐 속에만 두고 칭찬을 못 해준 순간이 너무나 많구나. 엄마는 너를 믿어. 너는 누구보다 가능성이 아주 많은 아이야. 그러니 재의야, 두려워하지 말고 무소의 뿔처럼 앞으로 나아가거라.

2014년 어린이날, 누나를 데리고 놀이동산에 갈 예정이었는데, 아침부터 진통이 오는 바람에 엄마 혼자 병원으로 달려가, 30분 만에 너를 낳았어. 이 녀석 급했구나. 15일에 태어날 아기가 너무 이르게 태어났으니 엄마가 준비성이 부족한 게 아니었다는 말이야. 너무 느닷없이 너를 만나서인지 엄마는 혼이 나간 상태였다. 얼마나 길쭉하고 잘 생겼던지 병원에서 엄마에게 축하한다는 이야기 다음으로 많이 해준 말이 '잘 생겼다'였어. 그런데 엄마는 너의 투명하고 맑은 눈동자를 보며 남몰래 뿌듯했어. 둘째로 태어나서 별 노력 없이 귀여움만 받고, 버릇이 없으면 어쩌나 했는데 기우였지. 너는 누구보다 바르고 착하게 자랐다. 엄마가 너에게 늘 속삭여 준 말을 기억하는지, 어느 순간에도 그른 것은 보지 않는 아주 바른 아이로 컸어.

"준아, 너는 엄마의 사랑이야. 엄마의 자존심이고. 너는 세상에서 가장 용감하고 바른 아이야. 나는 준의 엄마라는 것이 늘 자랑스러워."

네가 눈을 꼭 감고 있을 때, 엄마는 늘 이렇게 말하곤 했어.

어린이집 선생님이 등원 첫날 흥분해서 연락이 왔어. 이런 아이는 처음이라고 하더구나. 밥을 먹으면 가리지 않고 맛있게 먹고, 다 먹은 뒤에는 공손하게 너무 잘 먹었다고 표현해 주었다는 거야. 길에서 모르는 어르신을 만나면 허리를 굽혀 인사를 꼭 한다는 거야. 인사하는 아기가 예쁘다고 주신 간식은 두 손으로 받아서, 아주 맛있게 먹고, 쓰레기는 꼭 쥐고 쓰레기통에 넣는 모습을 지켜보고, 너무 놀라서 연락을 주신 거였어. 그게 별 건가 싶다가도 아직 세 살밖에 안 된 아이가 할 행동은 아니라는 생각에 기특했지. 아들이라 남다르리라는 기대에 반하듯 너는 차분하면서도 때때로 활기찼고, 서정적이면서도 필요할 때는 아주 대범하고 솔직한 아이였다. 아프지 않고 잘 커 주는 것만 해도 큰 것이라 생각했는데 이렇게 잘 자라주니 엄마는 매 순간 복을 받는 기분이야.

한 번씩 내가 잘하고 있나 염려될 때가 있어. 엄마도 엄마가 처음이고 이 시간이 지나고 다시 육아를 할 수 있는 것도 아니니까. 지나가고 나면 모든 것이 그리워질 테니까. 그럴 때 너희들은 오히려 엄마를 안심시켰어. '엄마는 잘하고 계세요. 우리는 괜찮아요.'라고 말이야. 너는 내가 살아가는 이유가 되어 주고, 살아내게 하고, 모든 것을 견디게 한다는 사실을 새삼 느낀다. 코 안이 시큰거리고, 눈시울이 뜨거워지네. 엄마는 눈물이 참 어려운 사람인데 말이야, 그지? 편지를 못 적어 준 게 이래서인 모양이야. 이럴까 봐.

엄마가 얼마 전에 부모 교육에 도움이 되는 멋진 책을 한 권 읽다가 함께 읽고 싶은 부분을 편지에 옮겨봤어. '행복한 삶은, 겪었던 고통이 얼마나 많고 적은가 보다는 그 고통에 어떻게 대처하는가에 따라 결정된다.' 삶에서 가장 중요한 것은 사람들과의 관계이며, 행복은 결국 사랑이다. '행복한 삶의 공식이 무엇인가'라는 질문에 대한 어느 교수의 대답이라고 해. 너희가 고통에 대처하는 방법을 현명하게 배우며 많은 사람들 속에서 행복하게 살아가면 좋겠다. 만약 그 과정이 고통스럽더라도 좌절하지 말고 그 고통에 대처하는 너희들만의 방법을 찾아가는 능동적인 사람이 되었으면 해.

너희들은 엄마 안에 있던 다이아몬드고 사파이어야. 세상에 하나뿐인 원석이야. 엄마는 세상에서 부러운 게 없다. 자신감은 attitude(태도)에서 나오는 거라고 엄마가 말했지. 선하고 아름다운 마음을 잊지 말고 당당하게 살아가라. 엄마가 늘 지켜봐 줄게. 마땅히 재주가 뛰어날 나의 딸 재의야, 마땅히 영특할 나의 아들 준의야, 엄마는 너희를 한결같이 사랑한다. 너희들을 사랑하며 행복하고 세상의 빛을 얻었어. 행복은 참으로 사랑이야.

2024. 08. 25. 엄마가.

'모모의 책숲'에서 함께 읽은 책들

2024년

- **6월**
  - *혼자 있기 좋은 방 - 우지현 (위즈덤 하우스)
  - *학습과학 77 - Busch, Bradley, Watson, Edward (교육을 바꾸는 사람들)
- **7월**
  - *이처럼 사소한 것들 – 클레어 키건 (다산책방)
  - *영혼이 강한 아이로 키워라 – 조선미 (북하우스)
- **8월**
  - *우리가 인생이라 부르는 것들 – 정재찬 (인플루엔셜)
- **9월**
  - *산에는 꽃이 피네 – 법정 스님 (문학의 숲)
- **10월**
  - *날씨가 좋으면 찾아가겠어요 – 이도우 (수박설탕)
  - *다정함의 과학 - 켈리하딩 (더퀘스트)
- **11월~**
  - *여인들의 행복 백화점 – 에밀 졸라 (시공사)
- **12월**
  - *월든 : 숲속의 생활 – 헨리 데이비드 소로 (더스토리)

2025년

1월
*에세이를 써보고 싶으세요? - 김은경 (호우)

*맡겨진 소녀 - 클레어 키건 (다산책방)

2월
*외로운 사람끼리 배추적을 먹었다
– 김서령 (푸른역사)

*손광성의 수필 쓰기 – 손광성 (을유문화사)

3월
*국어 1등급 어휘력 - (마더텅)

*완벽한 부모가 아이를 망친다 – 김성곤 (글의온도)

4월
*책 읽는 삶 – C.S. 루이스 (두란노)

5월~
*사소한 것들로 하는 사랑이었다

6월
– 리처드 칼슨, Carlson, Kristine (스노우폭스북스)

*끝내주는 맞춤법 – 김정선 (유유)

7월
*적절한 좌절 – 김경일, 류한욱 (저녁달)

*유언 노트 – 유성호 (21세기북스)

8월
*맛, 그 지적 유혹 – 정소영 (니케북스)

북펀딩(기부)에 동참해 주신 따뜻한 이웃들

통영 외 지역은 ( )안에 표기

- **70권**　서울 한의원
- 10권　굽네치킨 통영 죽림점

　　　　글쓰기보약 국어연구회 (수원)

　　　　㈜ 백본

　　　　밸류파트너스 – 자산관리 전문 컨설팅 기업 (강남)

　　　　주식회사 정애 (거제)

　　　　칠성식품 (거제)

- 5권　고성 감성 숙소 웰컴투송계리 – 대표 박희진

　　　　굿푸드 (good food - 거제)

　　　　글쓰기보약 국어 과외 (강남-세곡)

　　　　글쓰기보약 국어 과외 (판교)

　　　　김선우 이비인후과

　　　　꿀단지꿀빵

　　　　꿈과사랑의 교회 김영광 담임목사

삼영알로에농장 (거제)

속편한내과

㈜신진글로벌 대표 전세진 (강남)

신화전기 대표 권종국

어가원(ep,sep사료 전문) 대표 이현진

전재호 바른이교정치과 (부산)

㈜전진산업 대표 이용덕

코트라 대전 덱스터 권혜진 (대전)

통영 바다수산 대표 김민주

통영 명창수산

통영경찰서 용남자율방범대회장 박명대

통영 오승수산 이재경

한국수산업경영인 통영시연합 회장 이재상

한려노동법률사무소

㈜SM푸드 대표 엄원규

SK 미소대리점 통영중앙점

북펀딩(기부)에 동참해 주신 따뜻한 이웃들

통영 외 지역은 ( )안에 표기

- **5권**　이규덕 (수원)
- **3권**　김지선, 김지연

　　　　배장훈

　　　　성수열
- **2권**　강민중, 김도하, 이아영, 천영운
- **1권**　권민재, 김경동, 김나은, 김동훈, 김리나, 김민서, 김소희

　　　　김영일, 김태우, 도은정, 문진주

　　　　박미정, 박민경, 박민희, 백선영, 배태양

　　　　서수양, 성광남, 성유정, 성유진, 성유현

　　　　정미현, 정성미, 정수천, 정정애, 조홍주

　　　　유원정, 윤수희, 이도경, 이상덕, 이순주, 이지우, 임성범

　　　　최율, 한재상, Scarlet Seong

모모의 책숲 (2024.06~)

경남 통영 죽림리의 디엘본 아파트에서 시작된 작은 독서 모임. '모모'는 '엄마들의 모임'을, '책숲'은 '책으로 숲을 이루다'라는 뜻을 품고 있습니다.

'모모의 책숲'은 엄마들이 함께 책을 읽고, 글을 쓰며, 일상의 이야기를 나누는 모임입니다. 명품 가방도, 비싼 보석도, 화려한 이력도 시선을 끌지 못하는 순수한 공간으로, 언제나 머물고 싶은 고요한 안식처입니다.

'모모의 책숲'은 슬픔과 공감의 눈물, 기쁨과 응원의 웃음, 책과 호흡을 함께하는 이웃들의 심장 박동으로 이루어져 있습니다. 온유의 따뜻하고 부드러운 숨결, 지인의 순수한 마음, 민(旼)의 아름다운 문장, 요림의 소설 같은 이야기, 산도의 빛나는 깨달음, 글보샘의 '책 먹는 여우'를 꿈꾸는 삶의 기록이 담겨 있습니다.

독서와 글쓰기를 통해 당신의 하루에도 잔잔한 위로와 고요한 성찰을 건네고자 합니다. 부족하지만 아름다운 우리의 이야기가, 낮에는 통영 바다의 윤슬처럼, 밤에는 어두운 하늘의 달빛처럼 당신의 마음속에 머무르기를 바랍니다.

저자 소개

글보샘 입시학원 국어 교사로 20년, 대학교 문예창작과 강사로 11년을 지내왔지만, 바쁜 일상에 치여 잠시 글쓰기와 멀어진 삶을 살았다. 하지만 '모모의 책숲'을 만난 후에는 '책 먹는 여우'처럼 행복한 시간을 누리고 있다.

민(旼) 새벽 다섯 시, 모닝 루틴으로 하루를 열며 아이들과 함께 성장하는 삶을 지향한다. 오전에는 독서와 글쓰기로 내면을 다지고, 오후에는 아이들과 배움의 기쁨을 나눈다. 인생을 공부하듯 살아가며, 성실하게 꿈을 향해 나아가는 중이다.

산도 "바다를 돌보며, 바다를 담다." 남편과 명창수산을 운영 중이다. 한겨울의 추위를 이겨내며 굴을 키우는 정성으로 지혜의 바다를 향해 나아가고 있다. 스스로를 존중하며 살아가기 위해 책을 읽고, 그 마음을 글로 이어가고 있다.

온유 수산물 유통업체 굿푸드의 대표로, 세상을 아름답고 풍요롭게 만드는 삶을 꿈꾼다. 독서와 글쓰기를 통해 욕망의 진열장을 지나 지혜의 숲속으로 발걸음을 옮기고 있다. 따뜻한 잔향으로 독자의 곁에 머물기를 바라며, 오늘도 창작의 길을 걸어간다.

이요림 남편과 함께 (주)백본을 운영 중이다. 고객에게는 인생 맛집을, 독자에게는 따뜻한 글밥을 전하고 싶다는 마음으로 '모모의 책숲'을 가꾸어 가고 있다. 긍정적으로 하루를 살아낼 수 있음에 감사하며, 그런 마음을 작품 속에 담았다.

지인 부모님이 운영하는 삼영 알로에 농장에서 물류 CS 업무를 맡고 있다. 식물을 돌보듯 내면을 보살피며, 아이들이 책과 함께 지혜롭게 성장하는 미래를 그린다. 독서와 글쓰기를 삶의 뿌리로 삼아, 오늘도 묵묵히 자기만의 숲을 키워가고 있다.

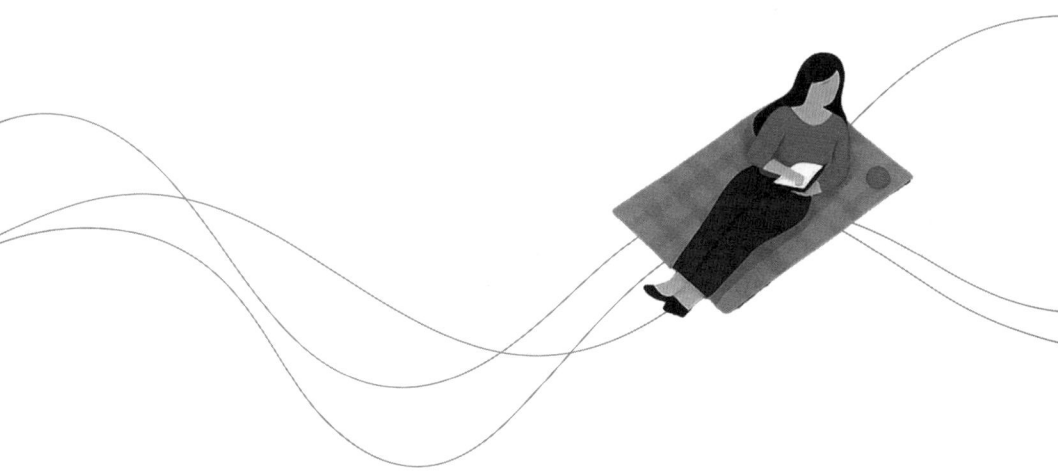

모모의 책숲에서 만나요

초판 1쇄 인쇄 2025년 09월 16일
초판 1쇄 발행 2025년 09월 29일

지은이 글보샘, 민, 산도, 온유, 이요림, 지인

펴낸이 김지홍
디자인 최이서

펴낸곳 도서출판 북트리
주소 서울시 금천구 서부샛길 606 30층
등록 2016년 10월 24일 제2016-000071호
전화 0505-300-3158
팩스 0303-3445-3158
이메일 booktree11@naver.com
홈페이지 www.booktree11.co.kr

정가 20,000원
ISBN 979-11-6467-196-0 (03810)

· 이 책은 저작권에 등록된 도서로 저작권법에 따라 무단전재 및 복제와 인용을 금지합니다.
· 이 책 내용의 전부 및 일부를 이용하려면 저작권자와 도서출판 북트리의 서면동의를 받아야 합니다.
· 잘못된 책은 구입하신 서점에서 바꾸어 드립니다.